Heidegger

Vincenzo Costa

Heidegger

DIREÇÃO EDITORIAL:
Marlos Aurélio

CONSELHO EDITORIAL:
Avelino Grassi
Fábio E.R. Silva
Márcio Fabri dos Anjos
Mauro Vilela

TRADUÇÃO:
Yvone Maria de Campos
Teixeira da Silva

COPIDESQUE:
Ana Aline Guedes da
Fonseca de Brito Batista

REVISÃO:
Thiago Figueiredo Tacconi

DIAGRAMAÇÃO:
Tatiana Alleoni Crivellari

CAPA:
Tatiane Santos de Oliveira

Título original: *Heidegger*
© Editrice La Scuola, 2013.
Via Antonio Gramsci, 26
Brescia (Italia)
ISBN: 978-88-350-3489-6

Todos os direitos em língua portuguesa, para o Brasil,
reservados à Editora Ideias & Letras, 2015.
1ª impressão

Rua Tanabi, 56 – Água Branca
Cep: 05002-010 – São Paulo/SP
(11) 3675-1319 (11) 3862-4831
Televendas: 0800 777 6004
vendas@ideiaseletras.com.br
www.ideiaseletras.com.br

Dados Internacionais de Catalogação na Publicação (CIP)
(Câmara Brasileira do Livro, SP, Brasil)

Heidegger / Vincenzo Costa;
[tradução Yvone Maria de Campos Teixeira da Silva]
São Paulo: Ideias & Letras, 2015.
Série Pensamento Dinâmico

ISBN 978-85-65893-94-7

1. Filósofos alemães 2. Heidegger, Martin, 1889-1976
I. Título. II. Série.

154-06731 CDD-193

Índice para catálogo sistemático:
1. Filosofia alemã   193

Sumário

Siglas |7

I. Biografia |11

1. Os primeiros anos |13
2. O caminho na fenomenologia |15
3. O envolvimento com o nazismo |17
4. A virada |19

II. Análise das obras |21

1. *A doutrina do juízo no psicologismo* (1914) |23
2. *A doutrina das categorias e do significado em Duns Scott* (1916) |27
3. *Pela determinação da filosofia* (1919) |32
4. *Os problemas fundamentais da fenomenologia* (1919-1920) |37
5. *Fenomenologia da vida religiosa* (1920-1921) |45
6. *Interpretações fenomenológicas de Aristóteles* (1921-1922) |55
7. *Prolegômenos à história do conceito de tempo* (1925) |60
8. *Ser e tempo* (1927) |68
9. *Fenomenologia e teologia* (1927) |91
10. *O que é a metafísica?* (1929) |93
11. *Conceitos fundamentais da metafísica* (1929 a 1930) |96

12. *Introdução à metafísica* (1935) |**102**

13. *A origem da obra de arte* (1935) |**106**

14. *Contribuições para a filosofia*
(*Dall'evento*) (1936-1938) |**111**

15. *Nietzsche* (1936-1946) |**115**

16. *Carta sobre o humanismo* (1946) |**121**

17. *Por que os poetas?* (1946) |**125**

18. *A poesia de Hölderlin* (1940-1960) |**129**

19. *A questão da técnica* (1953) |**132**

20. *Identidade e diferença* (1957) |**135**

21. *A caminho da linguagem* (1959) |**140**

III. Categorias-chave |**151**

IV. História da recessão |**159**

1. As correntes às quais
Heidegger mais se dedicou |**162**

2. As críticas a Heidegger |**169**

3. Problemas de exegese
dos textos heideggerianos |**175**

Referências bibliográficas |**191**

Índice onomástico |**213**

Siglas

Apresentamos aqui as siglas na ordem que aparecem no texto:

CPF	Il Mio Cammino di Pensiero e la Fenomenologia, em: *Tempo ed Essere*. Edição italiana aos cuidados de E. Mazzarella, Guida, Nápoles, 1980.
R	Il Problema dela Realtà nella Filosofia Moderna, em: Scritti Filosofici (1920-1917), tradução do italiano de A. Babolin, La Garangola, Pádua, 1972.
DGP	*La Dottrina del Giudizio Nello Psicologismo*, tradução italiana de A. Babolin, La Garangola, Pádua, 1972.
DCS	La Dottrina dele Categorie e del Significato, em: *Duns Scotto*, tradução italiana de A. Babolin, Laterza, Roma-Bari, 1974.
DF	*Per la Determinazione dela Filosofia*, tradução italiana de G. Auletta. Guida, Napoles, 1987.
GP	*Grundprobleme der Phanomenologie* (1919-1920), Gesamtausgabe, vol. 58, aos cuidados de H.H. Gander, Klotermann, Frankfurt a.M., 1993.
FVR	*Fenomenologia dela Vita Religiosa* (1918-1921), tradução italiana de G. Gurisatti, aos cuidados de F. Volpi, Adelphi, Milão, 2003.
IFA	*Interpretazioni Fenomenologiche di Aristotele. Introduzione alla Ricerca Fenomenologia*, tradução italina de M. de Caarolis, aos cuidados de E. Mazzarella, Guida, Napoles, 1990.
L	*Logica. Il Problema dela Veritá*, tradução italiana de U.M. Ugazio, Mursia, Milão, 1986.
PR	*Prolegonmeni alla Storia del Concetto di Tempo*, tradução italiana de R. Cristin e A. Marini, Il Melangolo, Gênova, 1999.
ET	*Essere e Tempo*, tradução italiana de F. Volpi, Longanesi, Milão, 2005.
FT	Fenomenologia e teologia, em: *Segnavia*, aos cuidados de F. Volpi, Adelphi, Milão, 1987.
CCM	Che cosè Metafisica?, em: *Segnavia*, aos cuidados de F. Volpi, Adelphi, Milão, 1987.
CFM	*Concetti Fondamentali dela Metafisica. Mondo – Finitezza – Solitudine*, tradução italiana de P. Coriando, aos cuidados de C. Angelino, Il Melangolo, Gênova, 1992.
IF	*Introduzione alla Metafisica*, tradução italiana de G. Mais, Murcia, Milão, 1979.
OOA	L'origine dell'Opera d'Arte, em: *Sentieri Interroti*, tradução italiana de P. Chiodi, La Nuova Italia, Firezen, 1985.

CF	*Contributi alla Filosofia (Dall'evento)*, tradução italiana aos cuidados de F. Volpi e A. Iadicicco, Adelphi, Milão, 2007.
SN	*La Sentenza di Nietzsche: "Dio è Morto"*, em: *Sentieri Interrotti*, tradução italiana de P. Chiodi, La Nouva Italia, Florença, 1985.
N	*Niezsche*, aos cuidados de F. Volpi, Adelphi, Milão, 1994.
LU	*Lettera sull'Umanismo*, em: *Segnavia*, aos cuidados de E. Volpi, Adelphi, Milão, 1987.
PP	*Perché i Poeti?*, em: *Sentieri Interroti*, tradução italiana de P. Chiodi, La Nouva Itália, Florença, 1985.
PH	*La Poesia di Hölderlin*, tradução italiana de L. Amoroso, Adelphi, Milão, 1988.
QT	*La Questione dela Técnica*, em: *Saggi e Discorsi*, tradução italiana de G. Vattimo, Mursia, Milão, 1985.
ID	*Identità e Differenza*, aos cuidados de G. Gurisatti, Adelphi, Milão, 2009.
CVL	*In Cammino Verso il Linguaggio*, aos cuidados de A. Caracciolo, Mursia, Milão, 1990.

I.
Biografia

1. Os primeiros anos

Martin Heidegger nasceu em 26 de setembro de 1889 em Messkirch, pequena cidade em Baden. O pai, Friedrich Heidegger, era tanoeiro e sacristão. Em uma situação digna, mas também de restrições econômicas, com sua mulher, Johanna Heidegger, educou o filho na religião católica. Apesar da situação econômica não ser próspera, Heidegger pôde estudar em Constança, graças à ajuda de Conrad Gröber, futuro arcebispo de Friburgo, que suscitou no jovem Heidegger o interesse pela filosofia.

Durante os estudos ginasiais em Friburgo (1906-1909) Heidegger leu um livro de Franz Brentano (*Sui Molteplici Significati Delle'essere Secondo Aristotele*) que viria a influenciar muito o seu pensamento. Em seguida, durante os estudos universitários (1909-1913), fez o curso de teologia de Carl Braig. Este havia escrito um tratado "Sull'essere. Compendio D'ontologia" (1896) e transmitiu a Heidegger a convicção de que existia um nexo profundo entre ontologia e teologia especulativa, assim que, por intermédio deste professor de teologia – escreveu Heidegger: "Entrou no horizonte da minha pesquisa a tensão entre ontologia e teologia especulativa como a armadura da metafísica" (CPF, p. 184).

No encontro com Braig estava implícito o prenúncio por interesses mais filosóficos que Heidegger desenvolveu pelo ensinamento de Henrich Rickert. Estes, a partir do seu mestre Wilhelm Windelband, haviam desenvolvido uma interpretação original do pensamento de Kant, segundo o qual a realidade vem a nós experimentada enquanto a organizamos a partir de determinadas estruturas espirituais. Desse modo, Rickert propunha um neokantismo hostil ao psicologismo do final dos anos 1800, e é exatamente essa concessão a estar no centro da tese de láurea de Heidegger, redigida sob a orientação do próprio Rickert e dedicada a *La Dottrina del Giudizio Nello Psicologismo* (1914).

Neste trabalho, Heidegger toma distância da neoescolástica católica e do realismo que ainda ressonava nos seus primeiríssimos trabalhos. Também na tese para livre docência de 1915 (*La Dottrina Delle Categorie e del Significato in Duns Scoto*) Heidegger se inspirou fortemente em Rickert, ainda que seja neste trabalho maciçamente influenciado, de um lado, pela obra neokantiana de Emil Lask, também ele, aluno "herege" de Rickert e de Edmund Husserl, de outro, na prospectiva de Wilhelm Dilthey, e da noção de espírito vivente e da centralidade da história no surgimento dos significados.

Na base da reflexão sobre a historicidade da verdade Heidegger considerou um dever prolongar-se no catolicismo em cujo interior havia sido educado. Em uma carta de 9 de janeiro de 1919 a Engelbert Krebs ele se despede da doutrina e do ambiente católico enquanto – assim escreve:

> *Convicções gnosiológicas envolvendo a teoria do conhecer histórico tornaram-se problemáticas para mim e inaceitável o sistema do catolicismo, mas não o cristianismo e a metafísica (esta última, todavia, em um sentido novo).*

2. O caminho na fenomenologia

Como já mencionamos, no desenvolvimento da concepção filosófica original de Heidegger, um papel eminente foi desempenhado pela fenomenologia de Edmund Husserl que, em 1916, sucedeu Rickert na cátedra de Friburgo.

Heidegger já havia encontrado os textos de Husserl, particularmente *Ricerche Logiche* (1900-1901), ao qual permaneceu sempre ligado, a ponto de preferi-lo aos mais recentes *Idee per una Fenomenologia Pura e una Filosofia Fenomenológica* (1913), tanto que continuou, ao se tornar assistente de Husserl, a usar as primeiras nos exercícios de seminários. A esse propósito, recordando aqueles anos, Heidegger observou que o fundador da fenomenologia olhava com olhos indulgentes este jovem estudioso que promovia seminários sobre *Ricerche Logiche*, portanto, sobre uma apresentação da fenomenologia que ainda não havia assumido o aspecto da filosofia transcendental.

Na realidade, o que atraía Heidegger era principalmente a ideia de intuição categorial e, portanto, a concessão segundo a qual o ser não é uma categoria do pensamento, mas algo que se dá. Um ponto que marca o abandono do neokantismo por parte de Heidegger, dado que para Rickert, por força da função formativa dos esquemas subjetivos, não era possível um dar-se do *ser*. Por outro lado, da fenomenologia de Husserl, Heidegger traz a ideia que o ser se dá na experiência, originariamente, sem mediações conceituais e sem que a subjetividade projete suas formas na vida.

Nesse período, por meio de um adestramento ao ver fenomenológico, Heidegger pode apreender o método da fenomenologia, adotando-o na sua "prática de ensino" (CPF, p. 187). Todavia, o privilégio acordado à noção de intuição categorial deveria levá-lo a julgar severamente, e como uma recaída na filosofia moderna e no seu primado do sujeito, a virada transcendental de *Idee per una Fenomenologia Pura*, pois, nesta obra, à subjetividade transcendental era acordado um papel de fundamento que, segundo Heidegger, representava uma traição ao moto, "às próprias coisas". De fato, as próprias coisas deveriam ser compreendidas como "a própria coisa", isto é, como o dar-se genuíno do *ser*.

Em 1923 Heidegger foi chamado a Marburgo, fortaleza da Escola Neokantiana, fundada por Hermann Cohen e Paul Natorp, de onde provinha Ernest Cassirer e onde ensinava Nicolai Hartmann. Com a chegada a Marburgo ele se afastou, sempre com maior decisão da fenomenologia de Husserl e, principalmente, da sua interpretação transcendental e idealística da fenomenologia até quando, por ocasião da tentativa de redação comum do verbete *Fenomenologia* para a *Enciclopédia Britânica*, as diferenças entre os dois se tornaram evidentes e insuperáveis.

Sobre as primeiras ideias, Husserl interpretou--as como resultado da distância e do fato que as ocasiões de discussão em comum tivessem diminuído depois da partida de Heidegger de Friburgo. Este, para Husserl, continuava sendo o seu "menino fenomenológico". Mas as coisas não eram daquele modo. Na realidade, Heidegger estava percorrendo outro caminho. Ele entendia radicalizar a fenomenologia em sentido ontológico, ultrapassando e deixando para trás o horizonte transcendental e, principalmente, a noção de subjetividade transcendental. No lugar da subjetividade e da consciência constituinte ele olhava o autodesvelamento do *ser*, o dar-se do ser em si mesmo, que se manifestava no *ser-aí*. Nesse mesmo período, aconteceu em Marburgo uma estranha história de amor entre Heidegger e uma de suas alunas destinada a se tornar famosa: Hannah Arendt.

3. O envolvimento com o nazismo

Em 1927 foi publicado *Ser e tempo*, obra fundamental de Heidegger. O livro trazia a dedicatória: "Para Edmund Husserl, com veneração e amizade".

Uma demonstração de filiação que, entretanto, desapareceu nas sucessivas edições da obra impressa durante o período nazista. Um fato particularmente discutível, tanto mais que a eliminação da dedicatória, ocorreu exatamente no momento em que Husserl, sendo de origem judaica, sofria prementes humilhações, inclusive a proibição de entrar na biblioteca da universidade onde havia ensinado durante muitos anos.

Um ponto que nos leva ao que tenha sido, talvez, o período mais obscuro da vida de Heidegger é o do seu envolvimento com o nazismo. Em 1933 Heidegger torna-se reitor da Universidade de Friburgo, com um discurso de posse (*L'Autoaffermazione dell'Università Tedesca*) que exaltava o movimento nacional-socialista e "a sua verdade íntima". Muito foi escrito sobre esse episódio, principalmente porque Heidegger nunca admitiu explicitamente ter cometido um erro e nunca pediu "perdão" pelos milhões de mortos nos campos de extermínio nazistas.

Em consequência, alguns estudiosos procuraram realçar sobre como a própria filosofia de Heidegger possui um núcleo que tenha tornado possível aquele tipo de erro, enquanto outros tendem a considerar a adesão ao nazismo um erro da pessoa de Heidegger, mas estranho ao seu pensamento filosófico. Em todo caso, já em 1934 Heidegger se demitiu do cargo de reitor por insanáveis contrastes com o ministro da Cultura. Em consequência da colaboração com o nazismo, no fim da Segunda Guerra Mundial Heidegger foi proibido de ensinar.

4. A virada

Em 1934 acontece o que frequentemente é chamado *a virada* (*die Kehre*) do seu pensamento. Com esse termo, sobre o qual a crítica exercitou-se muitíssimo e cujo exato significado não se chegou a uma interpretação satisfatória, Heidegger quer dizer que tudo se transforma, que o próprio pensamento exige uma mudança de prospectiva e que se trata de fazer falar o próprio ser, onde e como isso se dá.

Os últimos vinte anos da vida de Heidegger transcorrem em laboriosa solidão, com intervalos de permanência na França, procurando retomar e rever os seus trabalhos e cursos precedentes e aprofundar a questão do *ser* que já se tornou a questão da história do *ser*, isto é, do niilismo e do destino do Ocidente, da técnica e da busca de um outro início do pensamento e de um outro pensamento.

Em 1966, Heidegger publicou uma entrevista no *Der Spiegel*, uma espécie de testamento filosófico, sob o título *Ormai Solo un Dio ci Può Salvare*, na qual o nosso filósofo mostra-se resignado diante do desencadeamento da técnica planetária e abre-se a uma pergunta sobre o deus que vem.

Em 26 de maio de 1976 faleceu na sua casa em Messkirch, local onde havia nascido.

II.
Análise das obras

1. *A doutrina do juízo no psicologismo* (1914)

O ponto de partida da reflexão de Martin Heidegger é representado pela questão da realidade e pela possibilidade, por parte do sujeito conhecedor em saber o real. Em 1912, nos albores da sua reflexão filosófica, ele avançava, de fato, na exigência de recuperar o realismo (R, p. 134), pois quando os cientistas se ocupam de corpos vegetais e animais, de células, de corpos celestes, estão de fato convencidos

> *de não analisar puras sensações ou elaborar simples conceitos, mas de estabelecer e definir objetos reais independentes de si mesmos e da sua pesquisa científica.* (R, p. 135).

Sobre essa base ele se aproxima do problema da relação entre leis ideais da lógica, que pretendem ser absolutamente válidas, e a estrutura psíquica dos indivíduos, que é verdadeira e factual. A respeito desse problema, ele individualiza o erro de fundo da filosofia a ele contemporânea no psicologismo, que reduz a objetualidade ideal e a totalidade do ser a eventos materiais ou de natureza psíquica.

A princípio, em oposição ao psicologismo, Heidegger retoma a *teoria dos dois mundos* desenvolvida por Hermann Lotze, e essa é a ideia segundo a qual as leis lógicas são irredutíveis à estrutura psicofísica. Por exemplo, a necessidade que me constringe a tirar certas conclusões de determinadas premissas é de ordem diversa daquela que faz que uma pedra não mais sustentada pela mão caia no chão. Existe, então, uma alteridade radical entre os eventos da realidade e o modo de ser da verdade ideal: os primeiros existem no tempo e são factuais, enquanto as verdades ideais são supratemporais e absolutas. Por isso, Lotze havia observado que um enunciado não existe como as coisas. A sua realidade consiste em que "*vale* (*gilt*) e o seu oposto não vale".[1]

Essa problemática está na base do primeiro trabalho de fôlego de Heidegger: *La Dottrina del Giudizio nello Psicologismo* (1914). Nesta obra juvenil ele constrói a recusa da *análise psicológica da lógica*. Após determinar se um juízo é verdadeiro ou falso, não adianta saber como se desenvolveu o processo psicológico que levou a sua formulação, por isso "é enganoso assumir resultados da *análise psicológica* entre as definições fundamentais da lógica" (DGP, p. 35).

O limite de uma direção psicológica consiste então em reconduzir as leis lógicas a

> *uma legalidade da nossa natureza psíquica. Nesse caminho não será possível indicar normas com a*

---

1 LOTZE, H. *Logica*, tr. it. de F. De Vincenzis, Bompiani, Milão, 2010, p. 987.

> *sua legitimidade, mas apenas dados de aconteci-*
> *mentos.* (DGP, p. 39)

Apenas o juízo em sentido lógico pode ser verdadeiro ou falso, enquanto concerne ao juízo como evento psíquico apenas perguntar se existe ou não, o que acontece na mente de um ponto de vista factual, e *a isso não se compete um valor de verdade.*

De um ponto de vista lógico não devemos conferir se um juízo existe, e se quem o profere acredita efetivamente ou não, mas se é verdadeiro, válido. *A validade de um juízo consiste na sua pretensão de verdade*, e um juízo pode ter uma pretensão de verdade apenas se tem um sentido: "O sentido, o juízo que autenticamente o constitui, está também na disjunção de ser verdadeiro ou falso" (DGP, p. 139). O que pode ser verdadeiro ou falso não é, de fato, o quanto acontece na nossa mente, mas o sentido que toma forma no juízo.

Dessa forma, pareceria que Heidegger retomara substancialmente as críticas já avançadas no confronto do psicologismo a partir do neokantismo de seu mestre Rickert. Na realidade, já em 1914 ele toma um caminho diferente: se para Rickert a pretensão de verdade se acrescenta à ligação entre os conteúdos, segundo Heidegger ela irrompe da própria ligação entre os conteúdos. No juízo não se liga inicialmente o sujeito "livro" com "o ser amarelo", mas depois se acrescenta a pretensão de verdade, "é verdade que o livro é amarelo". Ao contrário, não apenas um juízo tem um sentido, mas também se dirige ao objeto, podendo ser verdadeiro ou falso.

De fato, a frase "a capa do livro é amarela" pode ser verdadeira ou falsa porque adianta uma pretensão de verdade. Enquanto princípio poderia ser falsa; todavia, enquanto dotada de direção ao objeto, continuaria a ter um *significado*. Desse modo, de um lado Heidegger toma distância da tese rickertiana segundo a qual existe uma concessão de representações e depois uma tomada de posição valorativa que confere uma pretensão de verdade ao enunciado; de outro lado confere de maneira estreitíssima a noção de sentido ou de significado, àquela de validade ou pretensão de verdade. *Cada juízo vale, e valer significa ter uma pretensão de verdade*, isto é, uma direção para o objeto: poder ser verdadeiro ou falso. É por isso que a questão da verdade do juízo é um problema lógico e não psicológico: a referência à verdade é intrínseca à sua construção lógica. *O senso rege uma relação*, pois o modo de realidade do senso é aquele do valer:

> A específica relação a isso (ao senso) imanente deve necessariamente participar dessa forma de realidade. A essa exigência se satisfaz dizendo que algo vale por um objeto. O que vale de um objeto, ao mesmo tempo o determina. O juízo utilizado sobre: "A capa é amarela" tem este significado: o ser amarelo da capa vale. Esse significado pode, com maior precisão, ser exprimido assim: o ser amarelo vale da capa. (DGP, p. 139)

Isso significa que em cada juízo está originariamente implícita a relação com a verdade, assim "a capa é amarela" significa que "é verdade que a capa é amarela". A noção de verdade é originária, é intrínseca à *estrutura do juízo*, e se não está presente explicitamente é porque é redundante. Um significado existe no modo da validade, isto é, enquanto *for pretensão de verdade*. Um juízo é dotado de sentido enquanto pretende ser verdadeiro, e o seu sentido é exatamente essa pretensão de verdade. Compreender o sentido de um juízo não significa então entrar no vivido pelo sujeito que o enuncia, mas saber em que condições estaremos dispostos a dizer que não é verdadeiro ou falso.

2. *A doutrina das categorias e do significado em Duns Scott* (1916)

Essa impostação foi desenvolvida em *La Dottrina delle Categorie e del Significado in Duns Scott*, no qual Heidegger esclarece que "o conhecimento, cuja verdade tem por oposto a *falsidade*, é o juízo. O juízo é o que se pode chamar *verdadeiro* em sentido *próprio e autêntico*" (DCS, pp. 91-92). Ora, as razões pelas quais a verdade aparece apenas no juízo, e não, por exemplo, na mera experiência perceptiva, devem ser buscadas na palavrinha "é", no acoplamento. Esta, em primeiro lugar, é a condição de possibilidade do juízo, dado que põe em relação um sujeito e um predicado. Em segundo lugar, o acoplamento faz com que o juízo seja um sentido e, em terceiro lugar, como havíamos acenado, faz que o modo de existência desse sentido seja o de uma pretensão de verdade:

> *E, de fato,* l'est *não significa. Coloquemos ser-*
> *-aí, ser real à maneira dos objetos sensíveis e su-*
> *prassensíveis.* Entende-se, ao contrário, o modo
> da realidade (esse verum) pela designação que
> hoje *temos à disposição,* a feliz expressão "valer".
> (DCS, pp. 92-93)

O sentido do juízo vale, ou seja, uma pretensão de verdade e uma *referência intrínseca ao objeto,* e essa referência é constitutiva da ideia de verdade. Cada senso de julgamento, se é tal, leva em si uma referência ao seu poder ser verdadeiro e falso:

> *A relação de validade* (Geltungsbeziehung), *própria*
> *do acoplamento, o ser enquanto relação entre sujeito*
> *e predicado, resulta como aquilo que realmente leva,*
> *sustenta a verdade.* (DCS, p. 93)

Essa teoria do juízo e da verdade implica, porém, em uma tomada de distância do tipo realismo presente em 1912. Se o significado do juízo consiste na pretensão da verdade nele imanente, então a maneira como o objeto entra na relação cognoscitiva *depende* de como nós, pelo juízo, nos dirigimos a isso. Se o sentido da asserção é a sua pretensão de verdade, este senso enunciativo é também a maneira como o objeto entra na nossa experiência cognoscitiva, dado que isso se torna *objeto conhecido apenas na medida em que nos dirigimos em sua direção através de um sentido.*

Por exemplo, se digo "a capa do livro é amarela", o objeto entra na relação cognoscitiva na base da categoria do *ser amarelo,* enquanto que, se digo "a capa do livro é constituída de partículas elementares" o objeto se torna manifesto em um outro modo de datismo. Por isso Heidegger pode afirmar que "o objeto determinável pode sofrer por parte do conhecimento uma moldagem (*Formung*)" (DCS, p. 90). É decisivo observar que já em *La Dottrina del Giudizio Nello Psicologismo* Heidegger havia escrito "aquilo que vale do objeto ao mesmo tempo o determina" (DGP, p. 139).

Trata-se de uma posição que aproxima Heidegger do neokantismo. Entretanto, enquanto na impostação neokantiana as categorias são impostas pelo sujeito a um material caótico e privado de forma. Para Heidegger as coisas estão de outro modo, porque – em sua opinião –, *um juízo se torna possível apenas se um certo âmbito categorial é aberto, tornando-se manifesto.*

Podemos esclarecer esse aspecto nos questionando: a lei de gravidade poderia ter sido enunciada em 1223? Poderia, naquele contexto, ter uma validade, isto é, pretender ser verdadeira? Para Lotze e Frege, como também para o Husserl da *Richerche Logiche*, esta lei é verdadeira independentemente do fato de nós a conhecermos ou não. Já nesse escrito de 1916 Heidegger se orienta na direção de uma *concessão holística do significado e das categorias que se distanciam de toda forma de realismo.*

Para Heidegger, uma categoria não é dada isoladamente, tampouco os significados. Hegel havia chamado a atenção para o caráter mediador de cada significado, para a importância do contexto interno do qual algo pode emergir. E é essa impostação que, nas conclusões, Heidegger explicita como o eixo de seu trabalho. Em uma prospectiva conforme a qual as categorias podem ser isoladas e analisadas uma após a outra, ele objeta que:

> *Elas se condicionam mutuamente e o que aparentemente resulta imediato e não mediato (*Unmittelbare und Unvermittelte*) é, na realidade, algo de mediato (*ein Vermitteltes*); e o que em seguida é fixado como elemento individual adquire seu sentido pleno apenas na totalidade.* (DCS, p. 244)

Um significado pode emergir apenas *no interior de uma totalidade de significados*. Por exemplo, para voltar a alguma coisa para a qual já tenhamos acenado, a lei da gravidade não pode emergir em 1223, nem naquele ano pode emergir a noção de massa, com o sentido que tem naquela teoria. Isso significa que, naquele contexto, um sujeito não poderia tê-los compreendido. Para poder afirmar uma pretensão de verdade, uma asserção deve ser compreendida.

Mas a compreensão não nos conduz *no leito da subjetividade psicológica*. Ao contrário, implica – já nesta obra de 1916 –, em pôr em discussão o sujeito gnosiológico e como este foi se constituindo durante a modernidade. Se devemos esclarecer porque a noção de massa não podia emergir em 1223, devemos nos aproximar de um contexto de significados transobjetivos, à abertura de um modo de pensar, e é por isso que "o sujeito no sentido da teoria do conhecimento não explica metafisicamente o significado mais importante do espírito, menos ainda o seu pleno conteúdo" (DCS, p. 251).

Ainda que nós desnudemos as estruturas mais íntimas da subjetividade gnosiológica, não conseguiremos esclarecer por que a noção de massa era, em princípio, incompreensível em 1223. Por outro lado, conseguimos dar uma resposta satisfatória a essa problemática se levarmos em consideração *o espírito de uma época*, a totalidade de significados de uma constelação histórica, no interior da qual vivem sujeitos singulares. Determinados significados podem ser compreendidos e determinados juízos podem ser formulados apenas porque um sujeito é parte de uma vida ou de um espírito vivente.

Em outros termos: não devemos partir de um sujeito psíquico, por exemplo, do funcionamento da mente, para depois nos perguntarmos como esse sujeito pode apropriar-se de significados. Devemos, ao contrário, nos questionarmos sobre aquilo que produz certa compreensão e uma determinada ordem de significados. Portanto, Heidegger escreve que

> *não é possível ver em sua verdadeira luz a lógica e os seus problemas em geral, se o contexto,* a partir do qual *ela é interpretada, não se torna um contexto translógico.* (DCS, p. 249)

A fundação da lógica e do pensamento está, então, em outro lugar: na vida. É necessário, portanto, considerar o espírito de uma época, no interior do qual um âmbito categorial pode ser compreendido, e voltar à *abertura histórica da época no interior da qual os significados valham e os sujeitos possam compreendê-los*. Isso, conforme Heidegger, emerge se:

> *Leva-se a sério a tese de "imanência" – entendendo-se não, digamos, "individualisticamente" –, cuja última fundação, necessária e exequível apenas metafisica-mente, a meu ver, se realiza na base do já indicado conceito do espírito vivente.* (DCS, p. 250)

Heidegger interpreta, então, a subjetividade cognoscitiva simplesmente como expressão particular do espírito de uma época, pelo qual a problemática lógica e gnosiológica *encontra a história*. O espírito vivente representa a condição de desvelamento dos entes, por isso é preciso partir da ideia conforme a qual há uma "formação histórica do conceito" (DCS, p. 246). É claro, de fato, que é a ideia de uma razão e de uma subjetividade a-histórica que deve ser posta em discussão, dado que "o espírito vivente é, como tal, essencialmente espírito histórico no sentido mais amplo do termo" (DCS, p. 251).

3. *Pela determinação da filosofia (1919)*

Esses aspectos, emersos nas conclusões do livro sobre Scott, serão desenvolvidos por Heidegger nas aulas do período de Friburgo (1919-1922), no qual ele mantinha um confronto com o neokantismo de Windelband, Rickert e Natorp. O problema pode ser brevemente ilustrado por meio de uma discussão sobre a questão dos axiomas que, de resto, representa a estrada tomada por Heidegger.

Cada âmbito cognoscitivo se move, de fato, no interior de certos conceitos, princípios e axiomas últimos que determinam o campo de pesquisa, representando, assim, a origem e o fundamento do relativo conhecimento. A filosofia – enquanto ciência originária do fundamento – deveria se ocupar, na medida em que tende à fundação da razão (teorética, ética e estética), da legitimação desses elementos últimos que estão na base das singulares disciplinas. Deveria mostrar o efeito, isto é, a validade universal.

Por isso, depois de ter balizado toda a vida cognoscitiva em dois troncos fundamentais, as sensações de um lado e os princípios gerais (*allgemeine Sätze*) de outro,[2] Wildelband tentava derivar todas as operações lógicas da aplicação desses princípios gerais e de reconduzir toda certeza àquela que caracteriza esses primeiros princípios. Em consequência disso, a tarefa da filosofia, enquanto ciência do fundamento, tornava-se a de justificar esses axiomas.

Para o filósofo neokantiano, de fato, o conhecimento surge do encontro entre princípios lógicos e dados empíricos. Por exemplo, a validade do silogismo é um axioma, mas para que isso possa produzir frutos deve ser preenchido por algo em particular. Por isso, na base de toda atividade científica deve estar "o reconhecimento (*Anerkennung*) dos axiomas".[3]

---

2   WINDELBAND, W. Kritische oder Genestiche Methode? (1883), em: *Präludien. Aufsätzen und Reden zur Einleintung in die Philosophie*, Mohr, Tübingen und Leipzig 1903, p. 292.
3   *Ibid.*, p. 296.

Esses axiomas, que não podem ser demonstrados, mas apenas reconhecidos, são – segundo Windelband –, o que Kant chamou "juízos sintéticos *a priori*". Eles não podem ser derivados de outras proposições, porque toda outra asserção encontra neles o seu fundamento. Portanto, a lógica não demonstra os axiomas, mas dizemos: "Queres a verdade; então, deves reconhecer a validade dessas normas".[4]

Segundo Heidegger, esse modo de abordar o problema não é satisfatório. De fato, na abordagem de Windelband, a consciência poderia se referir às normas, a critérios que lhe permita distinguir o que é válido do que não é. Mas isso não é possível porque, se a nossa consciência tem uma origem histórica, não podemos apelar para critérios absolutos, aos quais não temos acesso. De fato:

> *A tentativa de refletir sobre a consciência normativa* (Normalbewusstsein) *não encontrará nada além das formas e normas da singular consciência que age de fato nos processos mentais, que regulam e dirigem toda formação de conceito, de juízo e de silogismo. Essas formas e normas podem,* de fato, *ser imediatamente evidentes para a minha consciência individual – mas essa evidência imediata com frequência é um critério enganoso e insuficiente para a fundação filosófica do axioma, a qual, enquanto fundação da ciência originária, deve levar além da opinião individual e historicamente condicionada.* (DF, p. 41 – tradução com leves modificações)

---

4 *Ibid.*, p. 300.

Nós não podemos pensar contra as regras do silogismo, mas isso não demonstra que eles devam e possam, de modo geral, se candidatar a representar a pureza e o absoluto do *logos*. Na realidade, conforme Heidegger, *aqueles axiomas são vinculantes apenas para quem vive no mundo do qual eles saíram*. Se Windelband pode fugir desses resultados é apenas porque acredita que as normas (éticas, lógicas e estéticas) se desdobram progressivamente na história. De fato, segundo o filósofo neokantiano, na história *alguns eventos empíricos representam a ocasião para o emergir da consciência normativa*, que o filósofo crítico deve levar à luz procurando mostrar que um dado evento psíquico é determinante para o pensar lógico, estético etc.

Esse exercício crítico, pelo qual devemos poder individuar, no puro fato histórico, o que tem um significado absoluto, é – segundo Heidegger – impossível, pois a praticabilidade do método "é – quanto a sua possibilidade – dependente do mesmo ideal normativo" (DF, p. 46). Para poder reconhecer as verdadeiras normas, o sujeito cognoscitivo deveria *já* saber o que é a verdade, isto é, em quais condições estaremos dispostos a dizer que um juízo é verdadeiro.

Em oposição a isso, Heidegger se pergunta: "Como torno consciente a mim mesmo o ideal do pensamento, ou seja, o fim para o qual deve tender todo pensar genuíno?" (DF, p. 46). Uma pergunta à qual se pode apenas responder: a partir do universo do discurso no qual me encontro e que, em sua mera factualidade histórica, representa, para mim, um elemento vinculante. Portanto, Heidegger acredita que *o ser humano não tem uma relação com o infinito, mas uma relação finita com a verdade*. Isso implica que, exatamente por pressupor quanto deve ser demonstrado, o método teleológico de Windelband:

> *Não pode encontrar a própria tese fundamental* (Grundsetzung), *dado que o ideal, enquanto critério da avaliação crítica de tipo normativo, deve já ser dada para poder em geral colocar em ato aquela impostação que distingue o endereço mais próprio do método.* (DF, p. 47)

Por exemplo, a ideia de que a realidade tenha uma estrutura matemática deve já estar disponível para que possamos estabelecer um problema de verdade a respeito de determinados enunciados. Uma determinada abertura da verdade já deve estar disponível para que o problema possa ser estabelecido adequadamente.

Portanto, em oposição ao neokantismo, Heidegger observa que se já alcançamos a verdade, o método é inútil; e, se ainda não a alcançamos, o método é inutilizável, porque não é dotado de conteúdos normativos significativos e vinculantes. Na realidade, "o ideal há manifestamente um conteúdo, precisão conteudística (*Sachhaltige Bestimmtheiten*)" (IP, p. 47) e, se as coisas estão assim, então nós não temos acesso à verdade absoluta ou às normas (lógicas, éticas e estéticas) verdadeiras, e o saber tem suas raízes na esfera pré-teorética, na experiência concreta determinada por um certo modo de vida, no interior do qual se define um *eu* factual. Segundo Heidegger, então, o ideal da verdade não pode acontecer em sua pureza, independentemente dos conteúdos concretos que seriam condicionados pela época e pelo contexto.

Na realidade, *uma determinada concepção do mundo produz também o ideal normativo ao qual deve estar vinculado todo enunciado que pretende ser verdadeiro* e, então, o que é necessário entender por verdade e por satisfação da compreensão de verdade de um enunciado. Por isso uma organização do aparecer nunca pode ser criticada, *nem se referir a um ideal teleológico externo a ela*. O ideal infinito da verdade, sendo produto de um determinado contexto histórico, também é finito, histórico, como o é também a nossa razão.

4. *Os problemas fundamentais da fenomenologia* (1919-1920)

Este programa requeria a elaboração de uma teoria da estrutura do sujeito humano e do seu modo originário de *ser no mundo*, e é essa ideia que Heidegger desenvolverá nos anos de Friburgo. O núcleo do qual gira toda a discussão, cujo ele assume os movimentos, é constituído pelo estatuto da subjetividade, então, pelo papel da psicologia no interior da filosofia enquanto tal. De fato, a psicologia vem a se apresentar como o núcleo para o qual convergem todos os problemas filosóficos, como aquela que se conduz mais próxima da filosofia enquanto ciência originária.

Isso emerge com clareza no curso de 1919-1920 sobre *Problemas fundamentais da fenomenologia*, no qual Heidegger observa que "essas considerações têm o objetivo de estabelecer o problema de modo radical e de elaborá-lo em sua pureza: *expressão teorético-científica da ipseidade mundana* (Selbstwelt). Desenhamos essa conexão expressiva como "psicologia" (GP, p. 95). Assim, emerge com clareza a afinidade, também terminológica, pois trata-se de trazer à luz a experiência fundamental e "como é encontrada nessa ipseidade mundana" (GP, p. 95).

Entretanto, nas discussões com os estudantes, Heidegger deve ter-se dado conta de quanto essa palavra dava espaço para mal-entendidos e ao iniciar a aula seguinte, diz:

> O que foi dito na última aula foi subentendido em uma multiplicidade de modos [...]. Disse: designo como "psicologia" a ciência da ipseidade mundana. Tratava-se unicamente de denominar um âmbito de problemas ainda não nitidamente delimitado, sem prejudicar nada. Teria sido mais prudente evitar aquele termo. (GP, pp. 97-98)

O que Heidegger quer evitar é que a pesquisa da experiência originária da ipseidade mundana, portanto, do nosso *eu*, *do que significa experiência da própria ipseidade mundana*, possa deslizar na direção de uma pesquisa relativa a como de fato as experiências do próprio *eu* derivem, por exemplo, no decorrer da idade evolutiva e da história do desenvolvimento factual da criança e dos povos. A pesquisa da experiência originária e da estrutura da experiência do *eu* não pode ser tratada nessa pesquisa, pois pressupõe que: "Sabemos que significado tem a experiência da ipseidade mundana e também o que se entende por isso; ao contrário, a problemática se move no escuro" (GP, p. 102).

Daí o abandono do termo "psicologia", ora propenso a indicar uma pesquisa objetivante que se desprende da ipseidade que desejaria tratar cientificamente e que não se manifesta em uma experiência teorética, mas em uma vida ativa, isto é, em um sujeito que se experimenta como tal apenas no cuidado de si e no fato que, vivendo no mundo, se distancie de si mesmo, do próprio ser e da própria identidade, do sentido da própria existência.

Consequentemente, encontrar as bases fenomenológicas adequadas ao desenvolvimento de uma psicologia ontologicamente fundada no ser próprio da subjetividade, significa individualizar a experiência originária da qual esperamos algo como a nossa própria subjetividade, significa responder à pergunta: onde fazemos autenticamente experiência de nós mesmos? O que significa ser sujeito? Qual é o modo de ser da subjetividade?

A resposta de Heidegger é simples: "A origem de cada saber e de cada conceito é a experiência efetiva que um sujeito faz". Em suma, o filósofo e o cientista não têm um olhar de nenhum lugar. Estão posicionados na e da vida, e é essa que lhes estabelece os problemas e lhes abre os horizontes de pesquisa.

E isso vale, particularmente, para a psicologia, dado que existe um nexo entre a forma teorético-científica que a abordagem da vida do *eu* assume e "as relativas situações histórico-espirituais e as suas tendências guia" (GP, p. 89). Assim, a determinação da psique muda, primeiro, na passagem do mundo grego para o cristão, depois, do medieval para o nosso, caracterizado por ter a física como autêntica ciência da realidade, no qual a "ideia guia é a da conformidade às leis da natureza material; a ausência de lacuna no âmbito integral do acontecer" (GP, p. 90).

Por isso, o risco aos quais a filosofia e a ciência do *logos* da psique estão expostos é o de assumir os movimentos do próprio mundo em vez da experiência originária que cada um de nós faz de ser um sujeito. Se, porém, isso acontece porque é como se a existência tivesse perdido o contato consigo mesma, *e se experiencia apenas a partir daquilo que o mundo no qual vive a torna notada*, por assim dizer, perdendo o contato com a sua própria experiência. Quando isso acontece, a ciência da ipseidade mundana trai o próprio conceito em outro âmbito ontológico, a partir daquele que se diz, da organização da universidade e do predomínio cultural ou com frequência simplesmente de poder nas carreiras, tornando completamente errada a própria posição da pergunta. Nesta direção, a respeito da ideia de reduzir a vida psíquica a uma psicologia fisiológica, ele observa que é como se o físico dissesse para o botânico:

> *Se queres falar de folhas vermelhas, brancas, roxas e verdes é "propriamente" (Eigentlich) falso, porque as cores não são exatamente reais do ponto de vista objetivo, como vocês assumem; a objetividade autêntica é representada pela oscilação do éter de determinados comprimentos de onda.* (GP, pp. 93-94)

Nesse caso, um âmbito específico, derivado de determinada experiência, ambiciona estender-se a outros âmbitos, que encontram a própria base em diferentes experiências fundamentais, e quando isso acontece a colonização dos âmbitos faz com que toda a problemática seja estabelecida sobre bases fenomenológicas inconsistentes.

Aqui, a problemática se deixa determinar e guiar pela conceitualidade completamente estranha ao âmbito de experiência e ao modo como se manifesta a efetiva experiência da vida. Os problemas se tornam insolúveis, o campo fenomenológico completamente falsificado porque, como a botânica desaparece com o desaparecimento das cores, do mesmo modo a psique desaparece com o desaparecimento da vida que, vivendo, cuida de si.

> *O contrassenso – escreve Heidegger – está no fato de ser contrário à tendência da botânica, enquanto esfera em si concluída e dotada de uma própria evidência e modo de exibição, ser transposta a um nível de objetividade também estranha, na intenção, deste modo, de melhorá-la e corrigi-la.* (GP, p. 94)

A psicologia não encontrará a si mesma e não se constituirá como ciência assumindo conceitos estranhos ao próprio âmbito originário, mas individuando a experiência originária que circunscreve o seu âmbito ontológico, isto é, esclarecendo para si mesma onde e como a ipseidade faz experiência de si. Por isso, a pesquisa filosófica, enquanto pesquisa que quer voltar teoricamente ao plano pré-teorético, deve, em primeiro lugar, conduzir a uma experiência originária de si mesmo, *reconduzindo o sujeito da teoria sobre si a sua experiência de si na vida concreta e efetiva.*

Portanto, afrontar a questão da psicologia não quer dizer meditar sobre um caso particular, local e específico, nem se perder na nebulosidade do vago e indefinido ou em um mundo de espectros conceituais. A questão do modo de ser da subjetividade e, ao mesmo tempo, a questão mais *concreta* (GP, p. 26), porque concerne ao nosso modo de ser, é a mais *originária*, porque é da nossa experiência efetiva da vida que a formação dos conceitos filosóficos assume os movimentos.

Trata-se, então, de pôr à luz as categorias da vida, ou seja, o modo originário de *ser no mundo* e as características da experiência efetiva da vida. Nessa direção, o modo como o *eu* se relaciona com a própria existência é o do cuidado, e o modo como o cuidado se explicita é diferente conforme se dirija para a ipseidade mundana (*Selbstwelt*), na direção dos demais ou do mundo ambiente. Naturalmente, esses três modos se interpenetram, e compreender a vida significa compreender que tipo de configuração de tempos em tempos se forma (GP, p. 39).

O emergir prepotente da ipseidade mundana ocorre com o afirmar-se do cristianismo. Se, de fato, a vida se articula em ipseidade mundana, mundos dos demais e mundo ambiente, e se esses três momentos se interpenetram de vários modos, um dos modos possíveis pelo qual essa interpenetração pode acontecer é a da intensificação da ipseidade mundana, como vem a se delinear com a experiência cristã da vida, cujo experiência interior assume um valor decisivo e "a ipseidade mundana enquanto tal vai adiante na vida e é vivida como tal" (GP, p. 61).

Aqui, a vida vem centrar-se na ipseidade mundana, e é a partir dessa que são vividos o mundo que cerca cada um e o mundo dos demais. Assim, se afirma um modo específico do cuidado de si, pois agora "da própria história da ipseidade *mundana* surgem as motivações para novas tendências, e o preenchimento dessas confluem como tal na ipseidade mundana" (GP, p. 63). Então, o que ocorre na vida que vive no mundo produz motivação. Na ipseidade mundana encontramos, em outros termos, tendências estabilizadas como *habitus*.

Mas o viver é sempre um viver com os outros, que se acerca sempre a partir de um mundo, e esse viver com os outros determina também o modo como eu mesmo experimento no mundo. Aqui, é preciso compreender a configuração: porque o mundo no qual encontro os outros e também a possibilidade de encontrar os outros depende da minha ipseidade mundana, do tipo de mundo que constitui

o meu *eu*. Assim, se o cuidado com a própria ipseidade mundana assume a forma de insegurança,
então, o modo como os encontros com os outros
serão caracterizados dependerá disso, buscarei confir-
mação etc. e os outros se manifestarão como olhares
para mim. Nesse sentido: "O modo todo dos outros
é uma conexão, determinadamente articulada e que
pode trazer em um determinado modo de ipseidade
mundana" (GP, p. 86).

Ao lado da ipseidade mundana e do mundo dos
demais, a terceira estrutura que caracteriza a experiência efetiva da vida é constituída pelo mundo circunstante, o conjunto de possibilidades dotadas de significados. Nesse encontro com o mundo a ipseidade
mundana encontra a si mesma, vive e se expande,
pois naquilo que encontra o mundo como totalidade, então, se expande enquanto totalidade. Assim:

> *Eu vivo na atualidade como em um* contexto *parti-
> cular de significados que se interpenetram constan-
> temente, isso enquanto cada "significado" é "signi-
> ficado para" e em um contexto de tendência e de
> espera que se desenvolve sempre na vida factual.*
> (GP, p. 105)

Naturalmente, o mundo circunstante não tem
confins precisos, o seu "estatuto" de ambiente se
define em cada caso baseado em como o *eu* age dentro de suas possibilidades e como se relaciona com
aquilo de que deve cuidar. Assim, ainda que vivamos
no mesmo mundo, o mundo ao meu redor e o seu
podem ser muito diferentes. O meu é, por exemplo,

constituído pelo problema político, pela questão religiosa; o seu pela busca de sua segurança interior ou pelo interesse artístico etc.

A amplitude do mundo circunstante depende do nível de maturação de cada vida. A partir da noção de mundo circunstante é interpretado sermos seduzidos, atraídos, tentados etc. O sentido de ser – daquilo que nos atrai, seduz etc. – depende do mundo circunstante do qual emerge.

5. *Fenomenologia da vida religiosa* (1920-1921)

A partir da base dessas categorias da vida, Heidegger procura afrontar um tema sem muito sentido na cultura da época: a filosofia da religião, que ele desenvolve em três cursos. O primeiro em 1919-1920, dedicado aos *fundamentos filosóficos da mística medieval* e não desenvolvida; o segundo, em 1920-1921, entendido como uma *introdução à fenomenologia da religião*, na qual se tenta uma interpretação de São Paulo; e o terceiro, no verão de 1921, sobre *Agostinho e o neoplatonismo*.

Com esses cursos é evidente que Heidegger pretende apontar para o primado do ponto de vista teorético na filosofia da religião, pois se assumimos o movimento desse primado, Deus se torna um objeto ou um valor, e não um encontro, uma experiência da vida. Para Heidegger, de fato, a prova da existência de Deus "não é originariamente cristã, mas depende da relação entre o cristianismo e a filosofia grega" (FVR, p. 62). No interior, a experiência de fé não pode, de fato, surgir da necessidade de demonstração da existência de Deus.

Consequentemente, Heidegger desconfia de uma compreensão do fenômeno religioso que tende a estudá-lo como objeto e, então, das disciplinas que tendem estudá-lo considerando-o e classificando-o como algo objetivamente identificável. Ao contrário, o fenômeno religioso será compreendido abandonando o ponto de vista teorético e classificatório, e descartando a experiência afetiva da vida religiosa, então, do próprio fenômeno.

É com esse espírito que Heidegger busca interpretar as cartas de São Paulo, ressaltando a experiência efetiva de vida que está em sua base. E desse ponto de vista ele constata que a existência de Paulo se observa como uma luta e uma oposição entre lei e fé. A questão é: o que nos salva?

A respeito da tradição hebraica, que insistia na lei, Paulo destaca o fato que a lei é incapaz de salvar e, então, cuidar da própria alma não significa colocar-se adiante da lei. Portanto, Heidegger reassume, desse modo, o argumento de Paulo: "O cumprimento da lei é impossível, apenas a fé justifica qualquer um que falhe nisso" (FVR, p. 111).

Isso significa que a verdade de si não está na lei, mas no encontro com um ser de carne e osso, no qual se condensa a verdade do sujeito. A verdade da vida do cristão está em um encontro cujo seguimento não nos afasta de nós mesmos, mas voltamos ou retornamos para nós mesmos. Então, o conceito central é o do encontro e do anúncio, do Evangelho, que para Paulo não é um texto escrito que, de resto, ainda não existia, mas *a sua palavra e a sua ação*. O Evangelho vive enquanto Paulo age a partir dele.

Por isso, o anúncio, a pregação, o caráter missionário são a própria ipseidade de Paulo, o seu tomar lugar no mundo e entre os outros, o modo pelo qual responde ao chamado. Aqui, o tomar lugar se define como vocação, e a sua vocação é apostólica, isto é, volta a encontrar os demais e, encontrando-os, a fazê--los encontrar a verdade de si mesmos.

A estrutura da experiência cristã é, portanto, a da *missionariedade*, isto é, do tornar visível a face de Cristo e a salvação. Frequentemente, Paulo insiste nesse ponto, acentuando sua semelhança com Cristo e sua caminhada imitando o sofrimento dele. Mas essa *missionariedade* coincide com o retorno para si. Ser testemunho por outros, então a ação e o discurso produzem, de fato, uma transformação efetiva de si mesmo. Testemunhando diante de outros, Paulo opera em si o retorno à origem e é gerado, naquele mesmo instante, da origem. Nesse sentido – observa Heidegger –, na *Carta aos Tessalonicenses* Paulo "faz necessariamente a experiência de si mesmo" (FVR, p. 133).

A estrutura da experiência cristã é, então, um *enredo das vidas* e assume a forma de um ser gerado juntos. Este ser define a experiência cristã de ser comunidade na caminhada, no qual ser *comunidade* não significa ser privado de diferenças, mas estar junto entre seres diferentes que reconhecem ser gerados coletivamente pelo enredo que se cria entre suas vidas. Os tessalonicenses tornaram-se e foram gerados para a fé por meio de um encontro, mas *o encontro é tal que se leva a verificar a origem*. Nesse sentido, Heidegger observa que "o ser transformado é entendido no sentido que acolhendo o acolhido entra-se em comunhão com Deus" (FVR, p. 135).

A necessidade de compreender o acolhimento não diz respeito apenas ao destinatário do anúncio, mas também, e principalmente, a quem anuncia. A estrutura comunicativa é aqui absolutamente particular, porque o primeiro destinatário é o emitente, ou seja, o próprio Paulo. O emitente, no anúncio, não exterioriza um significado presente em sua mente, mas faz a origem – que não é um passado, mas a própria fonte do encontro – acontecer novamente. Portanto, o anúncio é anúncio apenas se anuncia e faz aparecer a origem, enquanto degenera se o pregador anuncia apenas a si mesmo, tornando-se assim apenas um de tantos pregadores em busca de glória.

A pregação não é busca narcisista de reconhecimento e o missionário anuncia a origem *somente se for transformado no ato de anunciar*; portanto, se o anúncio o reconduz em primeiro lugar à origem.

> *O acolher – escreve Heidegger – consiste em pôr dentro de si a necessidade da vida. Com ela está*

> *conectada uma alegria que vem do Espírito Santo*
> *e é incompreensível para a vida.* (FVR, p. 135)

Dado esse ser gerado junto compreende-se a preocupação de Paulo, que por si não é uma preocupação, porque em Paulo a própria vida está amalgamada às vidas com as quais está enredada. Desse modo, o sentido da vida de Paulo diante de Deus depende da fé dos tessalonicenses. A sua luta pode ter sido vã, por isso "os tessalonicenses constituem para ele uma esperança não apenas no sentido humano, mas no sentido de experienciar a *parusia*" (FVR, p. 137).

A respeito desta experiência originária deve-se, segundo Heidegger, fundar a teologia. De fato, "o saber busca o próprio vir a ser, é o início e a origem da teologia" (FVR, p. 135). Um conceito teológico só tem sentido na medida em que se radica em uma experiência efetiva da vida, porque "o ser presente de Deus se refere fundamentalmente à mudança da vida. O acolher é, em si mesmo, uma mudança diante de Deus" (FVR, p. 135). Exatamente por isso, desconfia de uma teologia que trabalha com conceitos e que quer conhecer Deus sem se transformar, pois ela termina por conceber Deus como um grande objeto, estranho ao sujeito ou que está diante dele, e não como a vida que o gera e o transforma no momento em que o sujeito vive o sentido da fé. Por isso, Heidegger escreve que "quando Deus é concebido primariamente como objeto de especulação há uma decadência do autêntico compreender" (FVR, p. 137), como ocorre com o grecizar do

cristianismo e com a introdução do Deus aristoté-
lico e com as tentativas de demonstrar a existência
de Deus.

A consequência é que a ética é de tudo secun-
dária, porque no cristianismo o contrário do vício
e do pecado não é, como no estoicismo, a virtude,
mas a fé, ou seja, a compreensão do *ser* que se torna
disponível na fé. De fato, "o voltar-se para Deus é
primário. Apenas com base nisso e com isso dá-se
o voltar as costas para os ídolos, que é secundário"
(FVR, p. 137). Diferentemente do epicurismo e do
estoicismo, a vida cristã não renuncia, mas volta o
olhar para o que dá sentido e plenitude à existência,
para aquilo que vem, mas não pode vir (acontecer)
se não for acolhido. Portanto, "a 'carne' é a esfera originária de todas as paixões não motivadas por Deus"
(FRV, p. 139), isto é, de todas as paixões que não bro-
tam da relação com a origem. Enquanto não jorram
da origem são caídas, pois nelas a existência recai nos
ídolos, isto é, em imagens mentirosas que prometem
dar um sentido à existência sem poder fazê-lo.

Tornam-se, assim, obstáculo para a segunda vinda, e são necessárias, porque a existência deve passar através delas para compreender que o próprio *eu*
não pode ser encontrado ao longo daquela estrada.
Nesse sentido, é interpretada a ideia da Segunda
Carta aos Tessalonicenses, a qual a segunda vinda
será precedida por cataclismos etc. E também a ideia
que primeiramente deve derrubar as muralhas que
impedem o anticristo de avançar, isto é, as leis e

os valores. Esses não são a salvação, mas freios que aprisionam as paixões sem salvar a vida.

Quando esses freios vêm, menos pode emergir o anticristo, isto é, a tentação de que seja possível salvar a vida sem fundá-la em um outro, a ideia que a verdade de si esteja em si mesmo. A existência deve passar por esses estágios, e passa a todo instante. Esses não são estágios temporalmente distintos, mas possibilidade concreta de cada instante da existência, que se inclina sempre a buscar mundanamente. E, sendo possibilidade da existência enquanto tal, podem assumir forma histórica, e *a história é o modo no qual esses momentos da existência se articulam em momentos diversos*.

Emerge assim que, segundo Heidegger, a questão da fé concentra-se em Paulo em torno da temática da *parusia*, ou seja, do retorno de Cristo. O retorno de Cristo pode ser entendido em sentido mundano a partir da questão: quando voltará? Entendê-lo desse modo significa interpretar o tempo a partir do tempo do mundo, em vez de a partir do tempo da cura de si.

A respeito da questão da *parusia* joga-se a estrutura da relação entre cura de si e tempo e da cura de si como cura do tempo. O que liga esses dois momentos e a noção de "espera". Espera que pode ser compreendida em sentido mundano: o futuro dirá, não agora, mas no futuro, em um futuro que talvez seja difícil determinar de modo preciso e objetivo.

Ora, Heidegger observa que, desse modo, deixamos escapar que, na experiência efetiva da vida cristã, dirigir-se à *parusia* não é "um esperar" e que a vida cristã não é um caso particular do esperar. Esperar, para o cristão, não significa esperar passivamente que algo aconteça.

> *O anamein é um esperar em Deus. Não se trata de quanto é significativo um conteúdo futuro, mas de Deus. O sentido da temporalidade é determinado com base na relação fundamental com Deus, de tal modo que apenas quem vive a temporalidade conforme a atuação compreende a temporalidade. Apenas com base nesse contexto de atuação compreende a eternidade. Apenas com base nesse contexto de atuação pode-se determinar o sentido do ser de Deus.* (FVR, p. 159)

Não é necessário pensar que o retorno de Cristo seja um fato mundano, o retorno de um objeto: ele volta se os homens o fazem retornar acontecendo novamente. Por isso Heidegger observa que "Deus nunca é *apoio*" (FVR, p. 165). Fenomeniza-se apenas na atuação.

A espera é, portanto, um estar acordado, um velar, um estar ativo, enquanto aqueles que dormem, observa Heidegger, "não podem salvar a si mesmos, porque esqueceram o próprio *eu*, porque não têm a si mesmos na clareza do saber autêntico" (FVR, p. 144). Esses buscam a própria consistência nas coisas do mundo, não no próprio *eu*. Ao contrário, "o mundo no qual a *parusia* está na minha vida prorroga a atuação da própria vida" (FVR, pp. 144-145).

Cristo retorna quando a origem volta a acontecer, então, quando a origem atua plenamente em mim.

Aqui Paulo utiliza palavras fortes, busca não mais viver a si mesmo, mas um outro dentro dele. O que conta em relação à segunda vinda não é o "quando", mas *como* se age na vida. Portanto, o do cristão "é um tempo sem uma ordem própria e sem postos fixos" (FVR, p. 145). E esse determina o como deve ser pensada a eternidade de Deus, que não está fora e sem relação com o tempo, mas a própria origem do tempo. Daqui a angústia, o senso iminente da segunda vinda, "antes da nossa morte". Para Paulo:

> *Resta pouco tempo, o cristão vive constantemente no "já" e no "ainda não" que aumenta a sua angústia. A temporalidade concentrada* (zusammengedrängte Zeitlickeit) *é constitutiva da religiosidade cristã: um "já" e "ainda não"; não há tempo para adiar. Os cristãos devem ser como aqueles que, tendo uma mulher, a tem como se não a tivessem etc.* (FVR, p. 162)

Todos os momentos da vida se tornam mais agudos, e isso deriva do risco, porque

> *para a vida cristã não existe nenhuma segurança, e a constante insegurança é também o traço característico de todas as "coisas que têm um significado fundamental" da vida efetiva.* (FVR, p. 146)

A angústia e a preocupação caracterizam, então, a vida cristã. De fato,

> *se a* parusia *depende do modo como vivo, então não estou em condição de permanecer firmemente na fé e no amor que me são pedidos, estando a um passo do desespero.* (FRV, p. 148)

Essa angústia é autocuidado de si que se torna cuidado do dia do Senhor, e se compreende que a fé não é um ter por verdadeiro, um crer, um considerar provável, mas um *agir*. A segunda vinda só pode ser esperada a partir de uma vida que se decidiu por isto: Cristo retorna por qualquer um de nós e *em* qualquer um de nós. O seu retorno não é um evento mundano, porque "o que tem caráter de atuação pode ser esperado apenas na própria atuação, não pode ser objetivado por si" (FVR, p. 151).

Portanto, o cuidado de si significa manter-se aberto à segunda vinda, e a possibilidade de perder-se está sempre presente na existência, ao ponto em que se pode confundir o anticristo com a segunda vinda de Cristo. É necessário, então, saber distinguir, julgar. Diante do anticristo o que se apresenta com a pretensão de cumprir o pedido de sentido da vida por meio de uma realização mundana, cada um deve decidir-se: "Quem permanece indeciso já se põe fora do contexto de atuação da necessidade de espera" (FVR, p. 152).

A espera não é, então, um deixar passar o tempo, mas um vivê-lo com o olhar projetado para o eterno, de modo ativo, de maneira ativa, na ação, vivendo no mundo, mas sabendo que a salvação não deriva do sucesso mundano. Apenas *a partir da decisão emerge a capacidade de julgar, e não o contrário*, e é por isso que "o aparecimento do anticristo não é um acontecimento puramente passageiro, mas algo em que se decide o destino de cada um, inclusive daquele que já crê" (FVR, p. 155). O anticristo é reconhecido como tal apenas por aquele que *age* em conformidade com Deus, em vez de se perder em conversas insignificantes acerca de quando será a segunda vinda.

6. *Interpretações fenomenológicas de Aristóteles* (1921-1922)

O caráter finito da nossa abertura implica, portanto, também em um repensar a estrutura da subjetividade que em vez de ser a depositária de uma razão eterna e supra-histórica, é outra vez completamente entregue à história. A existência é uma abertura para o mundo como totalidade de possibilidade, um âmbito possível de significância a partir do qual nós interpretamos e compreendemos a nós mesmos. De um lado, então, é abandonada a ideia de consciência como abertura à razão eterna e aos valores atemporais; de outro, porém, é necessário tomar distância de uma concepção sensorial, porque a nossa experiência não é constituída por estímulos, sensações e percepções, que lhe dariam um significado, ainda que *significados que não possamos alcançar.* "Os objetos mundanos, intramundanos – observa Heidegger –, são vividos no caráter da significância" (IFA, p. 125).

Isso significa deslocar a atenção do primado da percepção para o da compreensão, porque não se vê os significados com os olhos: *compreende-se.* Trata-se, agora, de compreender o que quer dizer "compreender". Compreender não é um fato cognitivo abstrato, mas uma estrutura e um fenômeno existencial. Os objetos, de fato, são compreendidos por nós em seu significado vital, isto é, nos termos de Heidegger, enquanto cuidamos deles. Portanto, "cada experiência é um encontro, e é um encontro em e para uma cura" (IFA, p. 128). Experimentar significa agarrar o que acontece em mim naquela possibilidade. As coisas são "utilizáveis", objetos dos quais podemos fazer qualquer coisa. Compreender o martelo significa compreender o que não podemos fazer. Assim, se um aborígene australiano entrasse e visse o quadro-negro não o veria em seu próprio ser, não o compreenderia porque não saberia dizer para que serve.

Consequentemente, *ser-aí* significa estar aberto para o possível e para uma totalidade de possibilidades, o que, entretanto, inquieta a existência. O mundo oferece uma superabundância de possibilidades; assim, cada escolha implica em menos possibilidades vindouras. Escolhendo uma possibilidade de existência definimos a nossa existência, e sentimos que outras possibilidades de existência se afastam de nós. Por isso, o possível inquieta a existência. Dessa forma começa a delinear-se uma noção fundamental dessas lições de Heidegger, e essa é a ideia a qual *a inquietude é estrutural para a existência*, assim como "a mobilidade da vida fictícia pode ser preventivamente apresentada e descrita como inquietação" (IFA, p. 128).

O *ser-aí*, enquanto vive, não pode se libertar dessa inquietude. Nem a escolha liberta da inquietude, porque a escolha deve ser refeita a cada instante.

Viver é decidir, sem trégua: "A vida de quem dizemos que pode levar qualquer coisa, que é incalculável, imprevisível; essa qualquer coisa que leva consigo e que é a sua possibilidade" (IFA, p. 119). A vida, como movimento do possível, leva, conduz, se desloca porque se coloca sempre outra vez diante do possível, daquilo que não tínhamos previsto e com o que devemos ter cuidado. Por isso, enquanto movimento do possível, a existência inquieta o *ser-aí*, impedindo-o *de repousar*. *Ser-aí*, viver, significa ser, de tempo em tempo, jogados no possível.

O tempo tem, como consequência, uma estrutura kairológica: as possibilidades são *encontros*. Falhar significa faltar ao encontro, porque o possível não está ali firme, esperando o *ser-aí*. O possível tem, de fato, uma dimensão temporal, tem o seu tempo, e esse tempo e as suas possibilidades não voltam se o *ser-aí* falta ao encontro. Por isso a existência é inquieta, é *inquietude no fundo do ser*.

O *ser-aí* pode buscar expulsá-la, buscando segurança e estabilidade em uma concessão do mundo, em uma doutrina, em uma fé ou em um dever. Em qualquer coisa de estável e objetiva. Mas isso também é apenas um modo de estar diante da superabundância de possibilidades, no modo da fuga do possível: "A objetividade segura de si é uma insegura fuga diante da facticidade" (IFA, p. 125). Portanto, o ser ao qual responder e com o qual se preocupar, não é algo que esteja além do fenômeno, além da possibilidade da existência.

Esse modo de pensar não é nem religioso, ou é uma religiosidade que se nutre de medo mais que de uma genuína adesão à vida. Essa religiosidade indica apenas uma fuga diante do mundo e de si mesmo, isto é, do próprio poder ser. A existência é cuidado do *ser*, mas *o ser é o movimento de tornar-se compreensível do possível*. O ser é a maneira como, a cada vez, a vida se organiza. E a existência é inquietada por isso, porque existir significa fazer-se interrogar pelo possível, *dever fazer frente*, sabendo responder ao além de si. Por isso, "o 'viver' se caracteriza sempre como 'cuidado'" (IFA, p. 124).

Daqui uma polêmica constante, em Heidegger, na direção da teoria dos valores. Poder-se-ia dizer, de fato, que existem valores eternos, objetivos, independentes do contexto histórico e das formas de encontro por meio das quais se tornam fenômeno, e que o surgimento desses valores faz com que as meras coisas adquiram um significado, conferindo assim um sentido à existência. Para Heidegger esta é uma hipostatização, porque:

> Significância não pode ser identificada com "valor"; este último é, antes, uma categoria que, por sua vez, só pode ser evidenciada através de determinada operação formativa, movendo de uma concreta experiência do mundo, após a qual, corretamente ou não, coloca-se como uma esfera do ser para si mesmo. (IFA, p. 126)

Para Heidegger, então, *os valores não surgem na vida para lhe dar forma*. A vida não é um caos inarticulado que adquire forma apenas graças aos valores.

É, ao contrário, a própria vida a organizar-se em vista de uma significância. Esse organizar-se em uma significância é, assim, o dar-se do próprio ser. Uma vez que se organizou assim, essa situação pode ser formalizada, pode se tornar uma doutrina: *um sistema de valores*. Entretanto, separado da vida que o produziu, esse sistema de valores torna-se hostil à vida, algo pelo que ela se dispersa. Trata-se de um desancorar-se da teoria em relação à vida histórica e, então, um tornar-se inautêntico do âmbito das possibilidades a partir daí abertas.

Por outro lado, isso não quer dizer que não se trate de valores absolutos ou que não se tenha acesso a eles, mas apenas *que esses valores absolutos são possibilidade histórica e que o modo de acesso a eles também é preparado historicamente em uma determinada forma de existência*. Uma existência histórica precedente, cristalizada em valores, quando chega até nós, pode ter perdido a própria compreensibilidade, isto é, a sua capacidade de abrir um mundo. A vida e a existência podem, agora, ser desorientadas, pois o movimento do possível deslocou e pôs a vida diante de novos desafios, e é aqui que a filosofia intervém, que:

> *É um modo fundamental da própria vida, assim, essa propriamente re-pete sempre a vida, no sentido de re--tomá-la da desorientação, a qual, re-tomada, é vista como busca radical, é essa mesma vida.* (IFA, p. 116)

7. *Prolegômenos à história do conceito de tempo* (1925)

Do que foi dito até agora, emerge o quanto Heidegger tendia a utilizar a impostação fenomenológica para reconduzir o conceito à vida enquanto fenômeno originário. Entretanto, ainda não acenamos para o confronto com a impostação de Husserl, que Heidegger começa desde o início do período de Friburgo e desenvolveu durante as aulas em Marburgo. É para esse confronto que devemos nos voltar agora, concentrando-nos, principalmente, para esse fim, em um curso que Heidegger deu em 1925, *Prolegômenos à história do conceito de tempo*, que evocaremos nesse contexto com o objetivo de fazer emergir algumas críticas de Heidegger a Husserl.

Vimos que a análise do juízo reconduz Heidegger ao ser já dado da categoria e à ideia segundo a qual no juízo esses encontram a expressão completa que o transposto no âmbito do lógico, conferindo-lhe *aparência de atemporalidade*. Porém, as categorias não são dadas desde a eternidade e para a eternidade. Essas podem se manifestar apenas por meio de uma certa abertura histórica e, então, o seu ser compreendido pelo sujeito não indica que a ciência do fundamento seja a psicologia, porque o vivido subjetivo emerge a partir de um mundo.

Nessa direção, para Heidegger, a noção de intencionalidade torna-se decisiva, pois por meio dela ele pensa poder superar o dualismo entre o ideal e a atemporalidade, de um lado, e a facticidade e a temporalidade dos vividos concretos, de outro, e, então, o hiato entre o mundo da lógica e o da psique.

Por meio disso, busca-se captar o fundamento unitário daquelas que, tradicionalmente, foram consideradas duas regiões separadas do *ser* (a psíquica e a lógico-ideal). A diversificação entre as duas regiões não é, de fato, satisfatória porque – escreve Heidegger em *Lógica: os problemas da verdade*, em um curso dado em 1925-1926:

> *No fundo, nos encontramos na situação de ver em algo único duas coisas separadas, dois campos, duas esferas, duas regiões, do ente e do válido, do sensível e do não sensível, do real e do ideal, do histórico e do supra-histórico.* (L, p. 63)

Se tomamos os movimentos das duas esferas do ser não se compreende mais como eles possam tocar-se, e nos vemos constrangidos a lançar uma ponte entre os dois âmbitos, para que possam tocar--se para formar um todo. A intencionalidade deveria fazer emergir a originalidade da correlação entre os dois âmbitos, e exatamente aqui está, ao contrário – conforme Heidegger –, o limite da fenomenologia husserliana, a saber no fato que:

> *O problema do ente que não estabelece uma ponte sobre o abismo existente entre os dois reinos, mas torna possível, desde que seja legítimo entendê-lo desse modo, os dois modos de ser, mostrando-o na sua unidade originária, é evitado por Husserl; ele pergunta, ao contrário, se no âmbito do psicologismo*

> e também no modo que disso deriva, o que faz que o
> psíquico seja compreendido como relação entre real
> e ideal. (L, p. 63)

Husserl permaneceria, portanto, no interior de uma filosofia da consciência, ou da mente e, consequentemente, a sua noção de intencionalidade permaneceria um conceito ancorado naquele quadro teórico.

Trata-se, portanto, de radicalizar a noção de intencionalidade, com a finalidade de fazer emergir que o aparecimento não é uma estrutura caótica que espera ser colocada na forma das formas da subjetividade e do juízo. Ao contrário, o que se dá na experiência, as "representações", tem uma vida intencional, pois a experiência é uma estrutura de referências, na qual cada sentido intencional refere-se a outros sentidos intencionais conforme modalidades internas, assim, as sínteses entre as representações não derivam da projeção de esquemas subjetivos, mas de referências conteudísticas, que a subjetividade já está dada. A noção de intuição categorial ensina, de fato, observa Heidegger no *Prolegômenos à história do conceito de tempo*, que "são atos nos quais as equipes ideais mostram-se em si mesmas, que não são criações desses atos, funções do pensamento, do sujeito" (PR, p. 90).

Exatamente por isso a intencionalidade deve nos permitir ultrapassar o abismo entre os dois mundos (psíquico e ideal): isso indica que a relação entre o aparecer e aquilo que aparece é originária. A intencionalidade não constitui o sentido dos objetos enquanto lhes confere uma forma estranha ou externa, mas enquanto essa é uma abertura originária, na qual o sentido dos objetos (o nexo das referências) pode se manifestar enquanto tal. *A intencionalidade não é construção, mas abertura ao dado.*

Todavia, a fenomenologia de Husserl, na medida em que a oposição temporal/atemporal se move no interior do sistema cartesiano, assumindo e mantendo a lacuna entre as duas esferas do *ser*, no seu interior se repropõe a teoria dos dois mundos. Husserl se fecha a uma concepção estática da intencionalidade e não se pergunta como essa possa surgir. Em particular, com evidente intenção polêmica nos confrontos da impostação de *Idee*, Heidegger se pergunta:

> *Como em geral, é possível que nessa esfera de posição absoluta, a consciência pura, que deve ser separada por meio de uma interrupção absoluta – não importa que transcendência –, se unifique ao mesmo tempo com a realidade na unidade de um homem real, que a sua volta se apresenta como objeto real no mundo? Como é possível que os vividos constituam uma região absoluta do ser e ao mesmo tempo se verifiquem na transcendência do mundo? Essa é a impostação problemática na qual se move a revelação do campo fenomenológico da consciência pura em Husserl.* (PR, p. 127)

Impulsionado por perguntas como essa, Heidegger, diversamente de Husserl, aprofunda a estrutura do movimento de transcendência característico da intencionalidade, radicando-o mais profundamente no movimento do aparecer, compreendido não como o aparecer de objetos perceptíveis, em seguida, dotados de estrutura de sentido, por exemplo, de função prática, bem como o aparecer de significados, de objetos dos quais compreendemos o sentido no interior de uma totalidade que Heidegger chama "mundo", e isso porque o lugar em que se manifestam os entes não é uma consciência abstrata, mas o *ser-aí*. Em uma carta a Husserl de outubro de 1927, escrita por ocasião da tentativa de redação comum do verbete "fenomenologia" para a Enciclopédia Britânica, Heidegger escreve:

> *Concordo com o fato que o ente, compreendido no sentido que ela define "mundo", não pode ser esclarecido em sua constituição transcendental através do regresso a um ente que tenha um tipo de ser idêntico.*
>
> *Entretanto, isso não significa que aquilo que estabelece o local do transcendental não seja, em geral, um ente, assim, é exatamente aqui que surge o* problema: *que é o modo de ser do ente no qual o "mundo" se constitui? Este é o problema central de* Ser e tempo: *aquele de uma ontologia fundamental do* ser-aí. *Trata-se de mostrar que o tempo de ser do* ser-aí *humano é totalmente diverso daquele de todos os outros entes e que isso, enquanto tal, encerra em si a possibilidade de constituição transcendental.*[5]

De resto, já em um curso de 1921-1922, Heidegger observara: "O que sempre me perturbou: a intencionalidade talvez tenha caído do céu?" (IFA, p. 161). O problema é: porque algo é tomado por cadeira,

---

5   HUSSERL, E.; HEIDEGGER, M. *Fenomenologia*, aos cuidados de R. Cristin, Unicopli, Milão, 1999, p. 145.

quadro-negro, martelo? Se dissermos que isso ocorre em virtude de conferir-lhe sentido, devemos explicar onde a consciência trai as próprias direções interpretativas, a própria capacidade de aprender certos dados sensíveis ou perceptíveis como manifestações de um sentido, então, no ato intencional, guia o modo de entender aquilo que se manifesta. Devemos talvez dizer que a capacidade de interpretar certos conteúdos sensoriais como "mesa" é inata?

Se não queremos abraçar construções difíceis de sustentar, devemos explicar porque, por exemplo, quando vejo duas coisas diferentes entre si, como um quadro-branco no qual se escreve com caneta própria e um quadro-negro no qual se escreve com giz, vejo sempre um "quadro". Então, devemos explicar *em que consiste o ser do quadro, qual é a sua condição de manifestar-se*. Se nos fosse mostrado um objeto e perguntado o que estamos vendo, ninguém responderia estar vendo sensações cromáticas ou certas formas. Esse é o erro de Husserl que, a partir do primado da percepção, opera uma "descaracterização do mundo circundante" (PR, p. 240). Na situação anteriormente mencionada, todo mundo diria, ao contrário, ver um objeto feito assim e assim, que serve para fazer determinadas coisas. Quando Heidegger afirma que a intencionalidade é originária, está afirmando *o primado da compreensão do significado* não apenas a respeito dos dados sensoriais, mas também a respeito do dar-se perceptivo dos objetos: a ser dados não são em primeiro lugar percepções, mas *significados*. E isso significa o tipo de intencionalidade pela qual o ser humano se relaciona com o mundo e a intencionalidade da compreensão dos significados.

Portanto, diferentemente de Husserl, para Heidegger a lacuna nas duas esferas do ser (lógica e psicológica) é provisória, necessária para evitar a superficialidade do naturalismo e do nominalismo, entretanto, deve--se tender a alcançar um plano unitário da discussão, reconduzindo a objetualidade lógica e a sua aparente atemporalidade ao contexto histórico e às referências que tornaram possível o aparecer e o dar-se intencional.

Nessa direção, não obstante os seus limites, a fenomenologia de Husserl aponta uma estrada para escapar do beco sem saída, do abismo entre os dois mundos: ser da validade deve ser interpretado em sentido intencional. Algo é válido quando se manifesta no interior de um horizonte de sentido que lhe permite aparecer como válido, e esse horizonte de sentido torna possível que o objeto (por exemplo, o princípio da inércia ou uma certa concepção de Deus) seja o sujeito (isto é, o conjunto de atos intencionais subjetivos pelos quais determinado conteúdo de sentido é compreendido). Portanto, "ao ser do *ser-aí*, na medida em que é *ser no mundo*, deve deixar vir ao seu encontro o próprio mundo" (PR, p. 257).

Dessa forma, Heidegger joga a problemática transcendental na direção das condições de desvelamento do *ser* do ente, porque não compreende trazer à luz apenas os atos subjetivos que tornam possível a experiência de certos objetos, mas também o horizonte de sentido. Enquanto Husserl individualizava as condições de desvelamento nas estruturas da consciência transcendental, Heidegger se pergunta o que possibilita certos tipos de atos subjetivos, e individualiza a condição desses de desvelamento no espírito de uma época, introduzindo assim o desvelamento histórico, que tira de Dilthey, na análise fenomenológica.

Portanto, enquanto em Husserl o aparecer dos entes se referia às contribuições subjetivas de sentido e, então, à atividade da consciência transcendental, para Heidegger o sentido objectual é dado no interior de um horizonte de significados, para os quais não existem dados sensíveis que recebam um sentido por meio de um ato subjetivo.

Além disso, enquanto em Husserl é dada, antes de tudo, uma mera configuração perceptiva, para Heidegger o nosso não é um mundo de objetos meramente perceptivos, mas de objetos práticos, porque algo faz parte da nossa experiência e pode constituir a base para o juízo apenas enquanto representa uma circunstância relevante do nosso mundo. De fato, nos objetos práticos, foge ao *existir*, ele mesmo.

Nessa direção, ele retoma a noção de intuição categorial, com a qual Husserl havia entendido esclarecer que as categorias não são formas subjetivas, mas um modo de aparecer das coisas. Na retomada hedeggeriana dessa problemática, a elaboração da *Ricerche Logiche* desempenha um papel decisivo e, portanto, a ideia segundo a qual na experiência são dadas as formas que o juízo explicitará. Heidegger se apropria dessa direção, mostrando que algo deve primeiro ser dado em sua identidade objetal para que possa ser um juízo.

8. *Ser e tempo* (1927)

A pergunta acerca do sentido do *ser*

Todas essas problemáticas convergem em *Ser e tempo*, que sem dúvida é a obra prima de Heidegger. Nesta obra, o nosso filósofo quer explicitamente expor a questão do sentido do *ser*, tentando desconstruir a história da filosofia que se movimenta no interior de uma determinação do sentido do *ser* como presença. A metafísica clássica determinou o sentido do ser como ser-presente: ser significa ser presente, e algo tem tanto mais ser quanto mais é algo sempre presente, assim que o próprio conceito de eternidade é interpretado como um presente que não passa, então, como ser estável e permanente.

Retomar o problema do sentido do *ser* significa, então, questionar a experiência a partir da qual essa determinação do sentido do ser pode impor-se e, ao mesmo tempo, problematizá-la para abrir outra possibilidade de pensamento. Portanto, de um lado será necessária uma analítica do *ser-aí* (*Dasein*), isto é, daquele ser no qual a interpretação do sentido acontece e que nós sempre somos; de outro será necessário desenvolver uma destruição da história da ontologia que determinou o sentido do ser como simples presença. Essa pesquisa seguirá o método fenomenológico, que deverá caracterizar-se como análise da estrutura dos fenômenos.

O *ser-aí* (*Dasein*)

A ideia de Heidegger é que as categorias por meio das quais interpretamos o real, e entre essas em primeiro lugar aquela que a tradição filosófica chamou de categoria suprema, isto é, o ser, estão radicadas no modo de ser do *ser-aí*, sendo assim reconduzidas à análise da existência qual fundamento de experiência a partir da qual as determinações categoriais podem tornar-se transparentes quanto à sua origem ontológica.

A noção de existir, que se contrapõe à de consciência e sujeito, indica que o *ser-aí* é o local em que o próprio ser se manifesta, pois a constituição fundamental do *ser-aí* é representada pelo *ser no mundo* (*in-der-Welt-sein*). Desse modo, Heidegger quer destacar que o homem é um "produto", um efeito da abertura do *ser*, e não um sujeito já estruturado. *Ser-aí* indica que o "sujeito" não é substância, mas uma função no interior de uma cadeia de referências generalizadas, que a subjetividade não deve vir pensada como o fundamento, mas – assim escreveu Heidegger em um escrito posterior a *Ser e tempo* – como "posto (*Stelle*), isto é, como o lugar da verdade do *ser*".[6]

---

6   HEIDEGGER, M. Introduzione a: "Che Cosa è Metafisica?", em: *Segnavia*, cit., p. 325.

A subjetividade não tem consistência própria, não é uma presença, mas o que emerge no cruzamento de uma multiplicidade de referências no interior das quais surgem certos tipos de interpretações e outras não são obliteradas. A essência da subjetividade consiste, então, em ser a abertura no interior da qual "o próprio ser se manifesta e se esconde, se dá e se subtrai, sem que essa verdade do *ser* se exaure no *ser-aí*".[7]

O *ser-aí* é no mundo, não como o são os objetos, mas no sentido que isso se encontra jogado e se move no interior de uma cadeia de possibilidades que o precedem e que representam as suas possibilidades mais próprias. Portanto, é preciso abandonar a categoria fundamental da modernidade, a do sujeito, e com ela, a ideia que o nosso *eu* deva ser entendido como um centro de experiência, como um *eu* estável e permanente. De fato, "se move-se de um *eu* ou de um sujeito já dado, se falha completamente o conteúdo fenomenológico do *ser-aí*" (ET, p. 65).

Não existe um sujeito que constitua a história, pois o sujeito é constituído pela história, por uma série de horizontes que ele não padroniza. Se o ser humano é sempre no mundo e é o ente que se dirige ao seu ser como a sua possibilidade mais própria, então significa que isso é sempre mais do que aquilo que é, porque *há de ser*, é abertura para o futuro, relaciona-se consigo mesmo relacionando-se às possibilidades de ação para ele disponíveis, que estão "abertas", "manifestas".

---

7 *Ibid.*

O mundo

Falamos de *ser no mundo*, mas o mundo é o horizonte de sentido que torna possível a compreensão dos entes singulares. Os entes singulares não são encontrados, de fato, como meros objetos sensoriais, mas como utilizáveis, isto é, objetos cujo ser compreendemos por sabermos dizer para que servem. É apenas na práxis manipulativa que, por exemplo, se revela a deterioração de um instrumento, enquanto a mais precisa manipulação perceptiva não poderia nunca descobrir nada similar. A percepção me oferece certas formas sensíveis, enquanto o desgaste do objeto pode apenas ser percebido quando procuro usá-lo.

Os objetos da experiência, então, originariamente são *pragmatas*, objetos que servem para qualquer objetivo, e *a função que adquirem no interior de certa forma de vida constitui o significado deles*. A mesa é algo que serve como apoio para escrever, a caneta algo que serve para escrever.

Então, o mundo é uma totalidade de satisfação, um sistema de referências no qual cada ser intramundano obtém o seu sentido graças às referências que o conectam a todos os outros entes. Assim, compreendo o que é o prego, porque compreendo o que é o martelo; o que é o quadro-negro e o que significa ter um quadro na sala de aula. Ao determinar a noção de mundo Heidegger observa que nós não vemos "estímulos", "sensações", e do mesmo modo não vemos nem objetos meramente perceptivos, mas *temos o que fazer com objetos de uso*, com coisas que têm alguma finalidade, com *meios*, então, e isso significa que "o mundo mais imediato do comércio intramundano, não simplesmente o conhecer perceptivo, mas o cuidar manejando e usando, fornecido pelo 'conhecimento'" (ET, p. 89). Então, o mundo não é algo externo ao sujeito, como pensou a tradição cartesiana. Ao contrário, se o mundo é o horizonte de sentido no qual o *ser-aí* se move, agora o *ser-aí* está para sempre *no* mundo.

O ser com os outros

Sendo no mundo o *ser-aí* é sempre com os outros, é sempre um coexistir ou existir junto (*Mit-sein*). Encontrar os outros não significa lançar uma ponte em consciências separadas, tampouco é necessário estabelecer para si mesmo o problema de como é possível compreender os pensamentos e as intenções dos outros. Esse problema emerge apenas se tomamos os movimentos de sujeitos separados e sem mundo, mas desaparece completamente se nos damos conta que o *ser-aí* é, originariamente, e antes de qualquer simpatia, um *ser no mundo* e um ser com os outros. Isso quer dizer que compreendemos os outros porque os encontramos no mundo, ocupados com projetos, coisas a fazer, problemas comuns.

Assim, quando alguém diz "passa-me a pinça", se pensamos na relação com os outros como uma relação entre sujeitos separados, torna-se impossível determinar o que o outro quer dizer. Ao contrário, se tomamos o movimento de estar juntos, por exemplo, ao estar atento consertando uma bicicleta, então esse estar junto torna possível a compreensão do outro, porque o contexto no qual nos encontramos determina o significado da palavra "pinça" e, é claro que, a partir desse estar junto, não virá à cabeça de ninguém passar para o mecânico uma pinça para sobrancelha.

Situação emotiva, compreensão e discurso

A abertura ao mundo é, então, originária para o *existir* e se exprime pela situação emotiva, a compreensão e o discurso. A situação emotiva determina o nosso sentir-nos no mundo e faz com que as possibilidades sejam compreendidas, assim "a abertura do mundo, preliminar e pertencente ao no-ser, é coconstituída pela situação emotiva" (ET, p. 170). Assim, é apenas no medo que o objeto ameaçador pode se manifestar e assim por diante. Portanto, a situação emotiva determina a nossa compreensão das coisas. Entretanto, isso não significa que venha em primeiro lugar a situação emotiva ou a compreensão; essas são cooriginárias, assim podemos falar de *compreensão emotivamente situada*.

Isso determina o modo de ser do *ser-aí* o qual,

> enquanto por essência emotivamente situado, já está sempre estabelecido em determinadas possibilidades, e enquanto é aquele poder-ser que é, sempre terá algo a perder. (ET, p. 178)

Isso significa que cada um de nós se volta às próprias possibilidades de ação a partir de certas tonalidades emotivas, assim, o sentir-se situado é *a condição de possibilidade* no interior da qual certas possibilidades de ação emergem e outras vêm, ao contrário, "encobertas", e é a partir daqui que cada um pode delinear o próprio projeto existencial.

O discurso põe a descoberto as possibilidades que se anunciam na compreensão emotivamente situada. Isso explicita as possibilidades implicitamente presentes em um mundo. Esse pôr a descoberto é o trabalho do *Auslegung*, termo frequentemente traduzido por meio de interpretação, mas que nós preferimos traduzir com explicitação, se não outro, para não o confundir com *Deutung* e *Interpretation*. O sentido de *Auslegung* é, de fato, o de fazer emergir, estabelecendo em primeiro plano o que já era dado de modo apenas implícito.

O *se* e a existência inautêntica

Ser no mundo, o *ser-aí* é lançado em uma compreensão média que não escolheu, e é a partir dessa que interpreta, no mais, também a si mesmo, podendo assim captar suas próprias possibilidades. No cotidiano, de fato, na maioria das vezes não é o *existir* a escolher, mas o *se*. O *se* é a compreensão média que emerge todas as vezes que dizemos "se faz assim", "se fala assim". Heidegger esclarece, de fato, que o "se" não é um singular determinado *ser-aí*, mas todos (porém, não como soma), e esse sujeito anônimo "decreta o modo de ser do cotidiano" (ET, p. 159). O *se* é o verdadeiro sujeito, que age e vive nos singulares sujeitos. De fato, "na cotidianidade do *ser-aí* a maior parte das coisas é feita por qualquer um de quem somos forçados a dizer que não era ninguém" (ET, p. 159), assim, o *se* "revela-se como o 'sujeito realíssimo' da cotidianidade" (ET, p. 160).

Nesse caso, sendo lançado, o *ser-aí* não chega a apropriar-se das suas próprias possibilidades, mas move-se em um âmbito de inautenticidade (*Uneigentlichkeit*), isto é, em um âmbito no qual viver não é o *ser-aí* singular, mas, precisamente, uma estrutura anônima e impessoal, o *se*. Aqui, as possibilidades dos singulares *ser-aí* são niveladas, e também o discurso de descobridor, ou seja, capaz de fazer emergir as possibilidades de um mundo, torna-se repetidor, como acontece nas conversas insignificantes, nas quais não se comunica nada.

Com a expressão "conversas insignificantes", Heidegger não pretende exprimir algum juízo de valor, mas simplesmente indicar um fenômeno de linguagem: o constante perigo de cair na insignificância. Dada a sua natureza interativa, a linguagem é, desde sempre, estruturalmente, e não da má vontade dos sujeitos exposta ao risco de calcificação: as palavras podem ser repetidas tendo perdido a sua força evocativa original, que age lá onde a linguagem se mostra naquilo que, segundo Heidegger, é sua função mais pura, ou seja, na poesia. Aqui, talvez, uma palavra abre para nós um horizonte de sentido, nos compromete e nos transforma. Em volta disso se constrói um mundo. A palavra, portanto, faz aparecer, descobre o mundo, mas por meio da difusão e da *repetição*, da comunicação intersubjetiva o caráter do descobridor pode desgastar-se:

> *O discurso (*die Rede)*, que entra na constituição essencial do ser do ser-aí e do qual constitui com ele a abertura, tem a possibilidade de mudar em conversas insignificantes (*das Gerede) *e como tal não manter mais aberto o ser no mundo em uma compreensão aberta articulada, em vez disso silenciá-lo, encobrindo o ser intramundano.* (ET, pp. 207-208)

O discurso elimina a conjunção na medida em que se torna fenômeno coletivo (como mostra o *Ge de Gerede*), isto é, na medida em que a intersubjetividade e a sociabilidade do discurso não abrem espaço para uma comunidade de falantes, mas apenas para uma esfera pública anônima.

A verdade

Daqui é necessário movimentar-se para enfrentar a questão da verdade que Heidegger desenvolve no parágrafo 44 de *Ser e tempo*. À noção clássica de verdade como adequação, segundo a qual a verdade consiste na correspondência entre um enunciado e a verdade, Heidegger contrapõe uma noção mais original da verdade como revelação. Portanto, a ideia segundo a qual para que possa haver um juízo do qual faz sentido questionar se corresponde à realidade, deve primeiro ser aberta uma compreensão complexa das coisas no interior cujo enunciado e relação de correspondência possam ser compreendidos. Por exemplo, para que a matemática possa ser usada como instrumento para decifrar a estrutura da realidade, deve-se primeiro abrir uma concessão da realidade como ordem matemática. Portanto, a verdade como abertura é mais originária da verdade como adequação.

O *ser-aí* como totalidade temporal

Dadas essas premissas, e dado que, acima de tudo e além disso, o *ser-aí* se encontra jogado numa situação que não é escolha e em uma compreensão média que lhe impede de colher as mais apropriadas e autênticas possibilidades, se colocará o problema de como um *ser-aí* possa constituir-se como um *ser-aí* autêntico. Um problema central para Heidegger, porque daí deve emergir uma outra relação existencial com o tempo e uma outra determinação do sentido do *ser*.

O tema da autenticidade está ligado, consequentemente, àquele do poder ser autenticamente ele mesmo, como uma totalidade temporal, implicando uma determinação ontológica diversa da relação entre o ser e o tempo, tal que o ser do *ser-aí* deverá revelar-se com o tempo já que o *ser-aí*, diferentemente da concepção clássica, não deverá ser pensado como constituído de corpo e alma, mas como fato do tempo. O sujeito do *ser-aí* (o nosso ser, aquilo que a tradição chama de "eu") não é um sujeito estável e atemporal, mas o tempo que o *ser-aí* há de viver, um estar em um vir a ser já sendo.

Isso faz com que o ser humano seja um *ser-aí* porque no seu agir ultrapassa a si mesmo naquilo que pode ser. Para Heidegger aquilo que resta ao homem além de poder relacionar-se com os significados e com um mundo de significados é, de fato, uma determinada relação com o tempo. Que o mundo seja a totalidade das possibilidades de ação implica, diferentemente do que pensara a tradição, que para o ser humano *relacionar-se consigo mesmo* não significa relacionar-se reflexivamente com um sujeito atemporal, com um núcleo de identidade que se mantém constante e que acompanha todas as minhas representações, mas ao próprio poder ser, ou seja, à própria possibilidade de ação e, portanto, ao próprio vir a ser já tendo e já sendo.

Nós, sendo já em um mundo, nos relacionamos com nós mesmos, relacionando-nos com o nosso futuro, esgotando as nossas possibilidades. Por isso, apenas um ser humano pode sentir-se *devorado pelo tempo*, perceber o fluxo do tempo como algo que esgota a sua existência, ou seja, como o esgotar as possibilidades da existência e, enfim, a própria existência.

Na medida em que compreende uma totalidade de possibilidades, existir para o homem não significa apenas viver, ser algo presente, mas relacionar-se consigo mesmo enquanto poder ser, *não como uma realidade, mas como uma possibilidade.* Esgotar as próprias possibilidades significa, então, também definir "quem se é". Por isso, Heidegger detém que deva ser considerada insuficiente a noção de "pessoa" e que se torne central para o ser humano a relação com a possibilidade que, realizando-se, anulará todas as outras: de fato, reportando-nos à morte, reportamo-nos a nós mesmos enquanto totalidade.

Diante dessa possibilidade insuperável *somos chamados a definir quem queremos ser.* Descobrimos quem somos quando nos damos conta que o nosso ser é o conjunto de possibilidades e ações compreendidas entre o nosso nascimento e a nossa morte e essa consciência de si pode emergir apenas em um ser que pode ver a si mesmo como uma totalidade finita. Nesse sentido, a morte é a própria possibilidade da autoconsciência.

A angústia da morte

Para alcançar a compreensão autêntica de si mesmo como totalidade temporal o existir deve, portanto, subtrair-se ao *eu* e à dispersão intramundana, para reapropriar-se da possibilidade autêntica. Mas esse processo de retorno para si não pode ser uma decisão privada de fundamentos essenciais. Deve radicar-se nas estruturas ontológicas do *ser-aí*. O poder ser eu mesmo, autenticamente, advém apenas a partir de uma certa compreensão situada nas emoções; não é o *existir* que escolhe.

Essa compreensão emotivamente situada é representada *pela angústia diante da morte*. No interior disso o existir torna-se livre pelas suas próprias possibilidades. A angústia da morte não é, na verdade, o medo diante da morte. No medo, o *ser-aí* fica preso pela tentativa de fugir à morte, enquanto na angústia diante da morte encontra-se no interior de uma estranha calma.

Simplesmente, na angústia da morte as coisas cessam de impor-se sobre nós. Por exemplo, o exame a ser feito, uma carta que não chega etc., cessam de inquietar-nos. E com isso todas as outras possibilidades da nossa existência. Na angústia da morte é como se tudo isso se afastasse de nós. Quando isso se aproxima, olhamos nossa vida cotidiana como se a olhássemos de fora, em uma situação de *distanciamento*.

Nesse aprofundamento de .todas as possibilidades, emerge, porém, a temporalidade do *ser-aí* como temporalidade finita, e o futuro finito torna-se constitutivo do nosso *ser-aí* enquanto totalidade. O pensamento da morte enquanto possibilidade suprema em cuja realização anulará todas as outras possibilidades, faz emergir a possibilidade de uma decisão autêntica pela qual o *ser-aí* pode reaproximar-se da própria existência.

No relacionar-se com a morte, o meu ser, um fundamento inconsistente ou nulo (*nichtig*), está diante de mim e eu sou chamado a identificar-me com as minhas possibilidades, a decidir-me por ele. E essa autoconsciência é também o pressuposto da ética, pois apenas tendo escolhido a mim mesmo, ou seja, quem quero ser, qual é meu projeto, o *ser-aí* pode *ser* de fato responsável. Concluindo, apenas um ser que se relaciona com a própria morte é solicitado a definir quem quer ser.

A angústia diante da morte surge, portanto, quando a totalidade do nosso mundo, que reassegura, *nos golpeia com o caráter da insignificância*, quando emerge que os fundamentos do nosso ser não foram criados por nós. Querendo mostrar o mundo como um todo limitado, afastando-o de nós, a "angústia abre o existir como *ser possível* e precisamente como tal que só a partir de si mesmo pode ser aquilo que é: isolado e no isolamento" (ET, p. 229).

Distanciando-me do meu mundo, fazendo-me senti-lo improvisamente estranho, a angústia me faz compreender que sou livre, que diante de mim, embora dentro de um espaço de manobra circunscrito e finito, possibilidade de existência: "a angústia revela, no *ser-aí*, o *ser-para* o mais próprio *poder-ser*, isto é, *ser-livre-para* escolher e possuir a si mesmo" (ET, p. 229). Na angústia sou reconduzido a mim mesmo, porque se me manifesta a minha existência na sua totalidade, e sou convidado a escolher ser aquilo que sou, a colocar-me como sujeito responsável pelas minhas ações. Daí, a angústia nos isola e nos torna insubstituíveis, fazendo emergir aquilo que o *eu* havia escondido sob a estrutura do "assim se faz".

Portanto:

> *Esse isolamento vai retomar o* ser-aí *do seu conteúdo formal e lhe revelar a autenticidade e a inautenticidade como possibilidades fundamentais do seu* ser. *Na angústia, as possibilidades fundamentais do ser-aí, que são sempre minhas, mostram-se em si mesmas sem a intromissão do ente intramundano, ao qual o ser-aí antes de tudo e além de tudo se agarra.* (ET, p. 233)

A angústia mostra ao ser humano que está vivendo a própria vida como se não fosse a sua e convida-o a reapropriar-se dela, a assumi-la como própria. Nesse sentido, autenticidade significa "vida que se apropria das próprias autênticas possibilidades". Por isso, a angústia é uma situação emotiva que quebra a existência inautêntica, que é uma potência anônima que vive no lugar do existir, e representa, por assim dizer, a condição de possibilidade de encontro com o Eu, de reapropriar-se das próprias possibilidades.

A voz da consciência

O vislumbrar da finitude do nosso horizonte que produz a autoconsciência, a única consciência possível para um ser humano, provém do chamado, cuja origem se entrelaça na situação fundamental da angústia. O chamado surge do isolamento porque aqui emerge o *eu* mesmo, que na esfera pública não emerge. O *eu* que emerge no isolamento é estranho ao que se é na esfera pública. Por isso, a voz da consciência parece vir do exterior: "O que chama é tão pouco familiar ao *eu* cotidiano que lhe parece uma voz estranha" (ET, p. 331). O silêncio do chamado, a voz que produz o silêncio, não é então um momento inefável, mas o silêncio do isolamento.

O próprio caráter do silêncio e da solidão nos permite distinguir o chamado autêntico da consciência moral pública. A voz da consciência de que fala Heidegger nos diz: "Deve fazer isso ou isso". Essa se limita a chamar o homem do estado de dispersão e de não escolha, sinaliza-lhe como ele não escolheu as próprias possibilidades, mostra-lhe que foi jogado no mundo sem ter podido escolher, e o *convida a escolher*, a escolher resolutamente a si mesmo, reapropriando-se da própria existência, decidindo-se conscientemente para isso e aceitando ser aquelas determinadas possibilidades finitas.

Tendo como base essas considerações, podemos agora nos perguntar qual seria a origem transcendental, ou seja, a condição de possibilidades de *Gewissen*, termo que vem normalmente traduzido, na literatura filosófica, por "consciência moral". E, naturalmente, com a palavra *origem* se alude agora à origem ontológica: como deve ser feito para que se tenha "consciência moral"? De tudo o que já foi dito será fácil imaginar para qual direção pretendemos caminhar: se vindo ao mundo o *ser-aí* é subitamente lançado sem poder escolher, e se isso é o que impede de poder falar de *ação responsável*, então, é claro que, até que possa ser responsável, o *ser-aí* deve primeiramente ser chamado da dispersão, deve vir menos da obviedade do *eu*. O *ser-aí* deve se tornar consciente da própria finitude, de *dever agir sem poder calcular*.

Portanto, à diferença de quanto pensava Kant, a consciência moral não se torna possível de relacionamento com a lei. Nesse caso, a consciência é compreendida como um tribunal que *diz alguma coisa* do tipo: "Tu te comportaste mal". Ao contrário, segundo Heidegger, a consciência moral fala silenciosamente. De outro modo seria o *eu* a falar. No chamado não nos é dito nada de determinado. Isso *não é uma reprovação*. Nem nos convida a corrigir um comportamento. A consciência, o *Gewisen*, é condição de possibilidade *formal* da ética, mas não indica elementos conteudísticos.

Isso chama o *ser-aí* a ser original, uma consciência tranquila e à certeza de que as ações são as próprias ações, aquilo que se é. Então, nada de determinado. E, todavia, o chamado "coloca o *eu* na completa insignificância, tudo devido às relações públicas" (ET, p. 326). O chamado não deriva da lei e da voz pública dentro de nós, porque assim a esfera pública torna-se totalmente insignificante e, com isso, o caráter tribunalístico, por meio do qual, dentro de nós, é o *eu* a falar.

A culpa

Diante disso, a consciência fala de culpa, diz que o *ser-aí* é culpado. Isso significa que a origem da ideia de culpa deve ser desenraizada descrevendo a maneira como o *existir* existe. O *ser-aí* é culpado, diz Heidegger, porque existe, e não porque faz algo determinado. O ser humano *deve assumir a culpa e a responsabilidade das próprias ações para poder estabelecer-se como eu.*

Para fazer emergir a origem ontológico-existencial da ideia de culpa "deve ser abstraída do domínio do cuidado exagerado, mas deve ser liberada da referência ao dever e à lei, cuja violação incorreria em culpa" (ET, p. 338). A ideia de culpa não deve ser compreendida a partir da violação e do dever, porque é, acima de tudo, a consciência da culpa que representa a condição de possibilidade pela "culpa" no sentido de violação e do dever:

> Este ser-culpável essencial é cooriginariamente a condição essencial da possibilidade do bem e do mal "moral", isto é, da moralidade em geral e da possibilidade das suas modificações efetivas. O ser-culpável originário não pode ser determinado com base na moralidade porque esta o pressupõe como tal. (ET, p. 342)

Desse modo, Heidegger observa que o *existir* não se torna culpado pela moral e que a diferença antropológica não se radica na relação com a lei, porque apenas um ser que pode sentir-se culpado pode desenvolver uma relação com a lei, pode dar uma lei para si mesmo, ou introjetar normas morais. A menos que introjetar normas indique assumir um projeto de existência e não a mera formação de um hábito. É necessário, portanto, mudar a ideia tão óbvia segundo a qual há culpa apenas onde há violação de uma norma, de uma lei. Ao contrário, Heidegger quer mostrar que o *ser-aí* pode ter alguma culpa no sentido da violação do direito ou da moral, apenas porque é originariamente culpado.

Essa culpa vem do fato que o *ser-aí* deve sempre decidir estando já decidido, e mesmo não tendo um fundamento ele deve constituir-se como um *eu*, colocar-se como fundamento das próprias ações. Por exemplo: uma ação pode ter nascido de uma certa compreensão emotivamente situada, na qual fomos lançados, no decorrer da vida fomos nos encontrando em compreensões diversas de fundo emocional, a partir da qual a ação precedente torna--se algo que não voltaremos a fazer.

Todavia, não podemos negar ter agido daquela forma, ainda que possamos dizer não sermos *mais* aquele ser. Devemos, ao contrário, colocar-nos como fundamento das nossas ações, atribuí-las a nós mesmos, assinalá-las como nossas. Por isso Heidegger escreve que "porque o fundamento não é colocado no *ser-aí em si mesmo*, o *ser-aí* jaz como um peso que a força das emoções apresenta como algo grave" (ET, p. 339).

É a nossa existência. Entretanto, não fomos nós que a criamos. Sem ser o fundamento dessa ação, emergindo apenas na ação, o *eu* pode constituir-se existencialmente *apenas* assumindo a paternidade da ação, *como se* essa fosse ou tivesse sido planejada e não dependesse do seu ser lançado. *Antecipadamente, devo assumir a responsabilidade de uma ação que ainda não é chegada, mas que deverei fazê-la minha,* por antecipação, devo colocar-me como fundamento da minha existência, como se escolhesse quem quero ser, mesmo sabendo que o fundamento é o meu ser lançado. Exatamente por isso, não posso nunca assenhorear-me (*mächtig werden*) do fundamento da existência, ou seja, de mim mesmo: *sou expropriado desde a origem*. "Ser-fundamento, observa Heidegger, significa *nunca* pertencer *aos* fundamentos, senhor de ser próprio" (ET pp. 339-340).

No fundo, *a existência é inapropriável*. E, em certo sentido, as possibilidades são dadas onde fui lançado para constituir o meu ser, a mim mesmo. Portanto, a ideia de um sujeito "patrão" e "soberano", falsifica completamente a estrutura da existência. Este "ser soberano" pressuporia um sujeito presente em *si* e submetido à dialética temporal. O *ser-aí* é, ao contrário, um fundamento nulo, porque existindo e pelo fato de existir, deve colocar-se como fundamento de sua existência, mas deve fazê-lo sem o ser. Sou eu quem devo estabelecer o fundamento de mim mesmo e, desse fundamento, não posso me apoderar. É esse o sentido existencial do "não", que me leva a dizer que o *ser-aí* é um fundamento nulo, *inconsistente*.

Inconsistente porque não é uma presença estável (um sujeito cartesiano) que possa ser fundamento assim como foi pensado pela modernidade. A contradição, o "não" em que se encontra o *ser-aí* do homem, é determinada pelo fato que ele "*não é em virtude* de si mesmo, mas é *deixado ser em si mesmo* a

partir do fundamento, por ter de ser *esse fundamento*"
(ET, p. 340). Apenas um ser feito desse modo tem os
pressupostos ontológicos para abrir-se à compreensão de algo como a culpa no sentido ético ou penal.

A decisão

O que observamos na angústia da morte é o nosso
ser enquanto totalidade a vir em primeiro plano, e o
nosso futuro finito nos convida a decidir o que queremos ser, ou seja, *que uso queremos fazer do tempo que
existimos*. É, na verdade, a partir da referência à morte
que nos leva a nós mesmos como a uma totalidade, e
que o nosso ser nos interpela colocando-nos a questão da qual emerge a decisão: *quem quero ser?*

Todas as minhas escolhas permanecem inau-
tênticas, sem transparência, determinadas pelo *eu*,
mesmo quando me movo internamente por uma
consciência da vida (um projeto) que não fui eu a
escolher, no qual fui lançado, e que no mais, na
vida cotidiana recai sobre o *ser-aí*, já que, observa
Heidegger, "o *existir* não pode nunca abstrair-se
desse estado interpretativo cotidiano no qual foi
antes de tudo vivido" (ET, p. 208).

Tornar-se transparente a si mesmo, relacionar-
-se autenticamente consigo mesmo, significará,
então, *decidir* explicitamente não respeitar as ações
singulares, mas sim respeitar as concessões complexas que governam minha própria compreensão
das minhas possibilidades de ação, *determinam* o

próprio ser *em sua totalidade*. Exatamente por isso, "a decisão torna-se autêntica, aquilo que pode ser somente enquanto *ser-para-o fim compreensível*, ou seja, enquanto antecipação da morte" (ET, p. 364).

De fato, enquanto me relaciono com as singulares e determinadas possibilidades, o *ser-aí* deve responder à pergunta: "Como quer se comportar nessa circunstância?". Relacionando-se com a morte é a totalidade do seu ser que se põe em questionamento. A questão que se impõe não é "Como quer se comportar nessa situação", mas "Quem quer ser? Qual é a vida que vale, *para você*, à pena ser vivida?". Por isso Heidegger escreve que

> *a antecipação da morte afasta toda possibilidade casual e "provisória". Apenas o ser livre* pela *morte oferece ao* ser-aí *o próprio fim puro e simples e instala a existência na sua finitude.* (ET, p. 452)

Relacionando-se com a morte o *ser-aí* é chamado a escolher quem quer ser, tornando-se assim transparente a si mesmo, "já que é a decisão que confere ao *ser-aí* a transparência autêntica" (ET, p. 356). Somente na decisão, não tendo mais como referência as singularidades, mas a si mesmo enquanto totalidade, o *ser-aí* determina quem quer ser, qual seria o sentido da sua existência (o projeto) e desse modo instaura uma relação consigo mesmo: *a morte é o espelho que se relaciona conosco*. Não é a reflexão, mas esse estranho refletir-se na própria finitude, talvez aquilo por meio do qual o *ser-aí* se relaciona autenticamente consigo mesmo.

Na decisão autêntica o *ser-aí*, pela primeira vez, se encaixa em suas possibilidades, por assim dizer se concilia com a própria existência. Em vez de pensar que a própria existência começará depois, por exemplo, quando se tiver um diploma, um trabalho, e depois, quando se adquirir uma casa etc., a decisão autêntica insere o *ser-aí* no exato momento e nesse modo, o radica.

A historicidade do *ser-aí*

A ideia de uma decisão autêntica em que o *ser-aí*, em vez de seguir o desejo que o leva a se sentir estranho à própria época e à *própria* história, se decide autenticamente, e isso advém decidindo-se para a *própria* geração. Desse modo, não há mais possibilidades imaginárias, mas o apropriar--se das autênticas possibilidades, ou seja, *daquelas outorgadas pela história*.

Apropriar-se das próprias possibilidades significa radicar-se na história como destino, aceitando a abertura a que se foi destinado. Se o *existir* é um ser histórico, ele o é por estar vinculado à abertura do sentido (mundo) no qual foi lançado. Consequentemente, e em virtude desse nexo que o liga ao mundo em que vive, o *ser-aí* é histórico no fundo do seu ser.

De resto, apenas para o *ser-aí* alguma coisa pode pertencer ao passado, pois continua a viver ainda hoje no presente, como no caso de um objeto construído em época anterior. Nesse caso, em que base dizemos que ele é histórico? Porque pertence ao passado? Obviamente, apenas na base da noção de mundo. O ser passado não é o objeto que continua a ser presente e pode ainda ser perfeitamente eficiente. No caso das "antiguidades" conservadas em um museu, o que é passado não é

> nada mais do que o mundo interno do qual elas, pertencendo a um conjunto de utilizações, eram encontradas como tais e utilizadas por um ser-aí *sendo-no-mundo e tomando cuidado dele.* (ET, p. 448)

O que não existe mais é aquele mundo, aquela totalidade de demandas no interior daquele objeto, que tinha uma função específica e um sentido determinado. E isso quer dizer que o *ser-aí* é histórico "somente no fundamento do seu pertencimento a um mundo" (ET, p. 449), ou seja, enquanto é exposto a uma totalidade de demandas, que determina o que pode fazer consigo mesmo.

9. *Fenomenologia e teologia* (1927)

No mesmo ano em que foi publicado *Ser e tempo*, Heidegger realizou em Tubinga uma conferência sobre *Fenomenologia e teologia*, publicada em 1969. Nessa ele se nega a contrapor fé e saber, como classicamente ocorria a partir de Kant. Segundo suas declarações, a fé seria baseada na revelação e, portanto, em fontes irracionais, enquanto o saber estaria baseado na razão. A partir deste pondo de vista, falar de uma teologia racional seria totalmente sem sentido.

O ponto de partida de Heidegger consiste, em vez disso, em considerar a teologia uma ciência, uma ciência positiva, compreendendo por ciência "a revelação que fundamenta um conteúdo fechado em si mesmo do ente ou do *ser*, sem outro objetivo que não seja o da revelação" (FT, p. 6). De fato, "a ciência positiva é a revelação fundamental de um ente dado e de qualquer forma já revelado" (FT, p. 9). Nesse sentido a teologia é uma ciência positiva, porque se instala sobre um campo de sentido já aberto.

E, todavia, segundo ele, não se pode dizer que "o cristianismo é o *positum* dado, portanto, a teologia é a ciência do cristianismo" (FT, p. 9), porque a teologia faz parte da história do cristianismo e é por ele sustentada, e por sua vez determinada. Em consequência, essa é uma ciência particular que assume uma característica histórica. Não no sentido de que deva encaminhar-se rumo à reconstrução histórica do cristianismo, mas no sentido de que "é um conhecimento que, antes de tudo, torna possível que haja algo como o cristianismo, enquanto evento da história do mundo" (FT, p. 9).

O que torna possível a existência de algo como o cristianismo é o fato da fé, e é exatamente isso que caracteriza a positividade da teologia. A fé, na verdade, não provém do *ser-aí* humano, não somos nós a criá-la. Ela é gerada "a partir daquilo que se manifesta em e deste modo de existir, ou seja, a partir daquilo que se crê" (FT, p. 10). Há aqui uma abertura originária e irredutível: a crença se manifesta somente porque se crê, e se crê somente porque se manifesta a crença. Este evento da fé pode apenas ser compreendido pelo cristão. Lendo o *Novo Testamento* fica-se sabendo sobre um homem crucificado, o Deus crucificado. Trata-se de um evento cristão que se conhece "somente pela fé" (FT, p. 10).

O cerne da conferência de Heidegger está no fato de *a teologia poder encontrar a própria justificação apenas na fé,* mas, ao mesmo tempo, que ela deve contribuir para o acontecimento do fato da fé, pelo qual ela tem empenho e participação do homem em particular e historicamente existente. A fé é então um modo do *ser-aí* humano e, portanto, um modo "do ser histórico em uma história que se revela somente na fé e pela fé" (FT, p. 13).

Todavia, a teologia não pode fundamentar e garantir a legitimidade da fé, nem facilitar a assunção e a conservação. A fé não pode ser justificada. Se pudesse já não seria mais fé, mas saber. E, ainda mais importante, não seria mais "dom". Heidegger afirma expressamente que a fé é um "modo de existência 'doado' " (FT, p. 14).

10. *O que é a metafísica?* (1929)

Na perspectiva de um esclarecimento do sentido do *ser,* não poderia faltar um confronto com o "conceito" que, tradicionalmente, tem sido contraposto ao ser: o nada. Na *Aula Inaugural* de Friburgo em 1929 (*O que é a metafísica?*), Heidegger procura fazer emergir a origem ontológica da noção do "nada", começando a sublinhar que se procura esclarecer essa palavra com a perspicácia da lógica, o seu significado se dilui imediatamente. Pode-se dizer que o nada não é de nenhuma forma algo de que não se possa falar e que é apenas um pseudoconceito, uma palavra vazia de significado.

Heidegger busca a origem ontológica e o sentido do nada evocando a experiência que fazemos disso, e perguntando-se em que tipo de experiência ele consegue se manifestar. Vão nessa direção as nuances afetivas e a compreensão emotivamente vivida a revelar como uma estrada a ser percorrida. Em particular a experiência da angústia profunda.

Nela se tem a sensação de que os objetos se afastam de nós, perdendo a sua cor. Nessa experiência não há nada que nos interpele, nada que nos toque. Quando, após essa experiência, retornamos a nós mesmos e nos perguntamos "diante do que você se angustiou?", a nossa resposta não pode ser outra, senão: "Diante de nada". E Heidegger pontua:

> *Com efeito o nada em si mesmo, enquanto tal, estava presente no estado de ânimo fundamental da angústia. Nós provocamos essa queda do* ser-aí *no qual o nada se manifesta, e do qual se deve partir para interrogá-lo.* (CCM, p. 68)

Nessa experiência, segundo Heidegger, se revela uma possibilidade fundamental: "Na angústia o ente vacila em sua totalidade" (CCM, p. 69). Nela, o ente se revela na plenitude da sua estranheza. Por meio da experiência do anular-se dos demais entes reconduz o *ser-aí* ao *eu* mesmo autêntico, retirando-lhe o peso dos entes, pelo qual o homem é "o senhor do nada" (CCM, p. 73).

Por meio da análise dessa escavação fenomenológica, Heidegger pretende também lançar luz às raízes ocultas da metafísica e sobre o ser em si mesmo que surge da experiência do nada. É daí que emerge o questionamento metafísico, e a pergunta "por que existe o ente em geral e não o nada?".

> *Somente porque o nada se manifesta no fundo do* ser-aí *pode sobressair o sentido da completa estranheza do ente, e somente se essa estranheza nos angustia, o ente reluta e atrai sobre si mesmo o estupor. Somente fundamentado na admiração profunda, ou seja, na percepção do nada, surge o "por quê?", e somente enquanto o por que é possível como tal, nós podemos questionar os fundamentos e nos solidificar de modo determinado. Somente porque podemos questionar e fundamentar, é dada a nossa existência o destino da procura.* (CCM, p. 76)

Nesse sentido, não apenas o interrogar filosófico e a sua questão fundamental, mas a procura enquanto tal e a abertura interrogadora ao ente se radicam na experiência do nada, a partir da qual se desenvolve então o estupor diante do ser.

11. *Conceitos fundamentais da metafísica* (1929 a 1930)

De tudo o que foi dito até agora, resulta que somente o ser humano é um *ser-aí*, porque somente nele há desvelamento do *ser*. Nesse sentido, surge uma posição privilegiada do homem em relação aos outros seres e, em particular, em relação a todo o reino animal. Uma exceção, que está longe de ser óbvia e que foi colocada em dúvida ao menos a partir de Darwin. Ele havia considerado a diferença entre o homem e os outros animais uma mera diferença de grau, não de natureza.

Heidegger vê as coisas de forma diferente. Segundo ele, apenas o homem tem um mundo, ou melhor, é formador do mundo, enquanto o animal é pobre de mundo e a pedra está totalmente sem mundo. Questionar-se sobre a noção de mundo é, portanto, uma maneira de fazer surgir por meio de uma análise comparativa, a especificidade do homem em relação aos animais não humanos. Ora, como vimos ao apresentar o *Ser e tempo*, estando no mundo, o *ser-aí* é histórico, radicado numa certa época. Ao contrário, sendo privado do mundo, o animal não é histórico. Para ele não há "coisas do passado", e nem poderia haver.

Segundo Heidegger, o animal é determinado pelo próprio limite do instinto. Se algo penetra nesse círculo, tornando-se estímulo, apenas *desencadeia um instinto*. Sem essa função ele sequer se aperceberia do ocorrido. O instinto leva a uma ordem que organiza a sequência de possíveis estímulos sob a base de "um instinto fundamental que incita e estimula atravessando toda a sequência dos estímulos". (CFM, pp. 294-295).

O animal é, portanto, uma estrutura que *seleciona os estímulos* a partir do próprio limite instintivo. Aquilo que pode penetrar no campo ambiental do animal é determinado pelo instinto, embora no caso do ser humano aquilo que aparece seja determinado pela abertura histórica de um mundo, *do projeto do sentido em que se é jogado*, de tal forma que um grego antigo e nós, mesmo tendo idênticas informações genéticas, vivemos em mundos diferentes, nos encontramos diante de possibilidades de existência muito diferentes: por isso, *no fundo do nosso ser, somos seres históricos.*

Onde há um homem, há história e onde há história, há um homem. Esses dois conceitos, apreendidos no sentido original, circunscrevem a unidade de uma constelação conceitual. A abertura ao mundo, no caso do animal, portanto, da regulação instintiva, enquanto no caso do homem é o "projeto", ou seja, o entrelaçamento de significados nos quais nos encontramos e a partir do qual podemos definir o nosso projeto pessoal (ôntico, diz Heidegger). O que determina as nossas possibilidades é variável e nós podemos nos apropriar das possibilidades disponíveis num certo mundo, torná-las nossas e assim nos tornar "singulares".

No caso do animal, ao contrário da regulação instintiva, nascem, em certa ordem, alguns estímulos que lhe constringem o organismo a ir adiante, sem que o animal tenha alguma possibilidade de escolha sobre quem quer ser. É a exigência em si mesma que nasce do relacionamento em direção ao futuro e que está implícita em relação ao tempo (quem quer ser?) não a poder emergir. O animal

> não se perde no momento em que um impulso instintivo em relação a qualquer coisa deixa a si mesmo para trás, como nós dizemos. Ele se mantém no instinto, e é ele mesmo nesse instinto e nessa prática. (CFM, p. 299)

Todavia, é claro que no animal não há um *eu* que dirija os instintos. Não há uma rede de significados que reestruture o componente instintivo e, portanto, as informações de caráter biológico. Não há um projeto sobre si mesmo. *E não há um eu porque não há um poder-ser.* É verdade que o animal não se relaciona consigo mesmo como tendo possibilidades a consumar. Para poder realizar isso ele poderia se relacionar com o futuro, deveria tomar posição no que diz respeito a si mesmo e a quem quer ser, o que se torna impossível por causa do limite instintivo que vive.

Heidegger insiste, consequentemente, no fato de

> *o comportamento do animal não ser um* fazer e agir, *como a conduta do homem, mas um* praticar, *termo com o qual indicamos que de qualquer modo cada prática animal é caracterizada pelo ser-empurrado pelo instinto.* (CFM, p. 304)

Significa que *o animal ignora a categoria da possibilidade* ou da impossibilidade, por isso não são *ações.*

Aquilo que penetra no mundo do animal, aquilo que o toca, não são possibilidades de ação que solicitam sua liberdade e exigem uma tomada de posição. É por isso que o animal não tem instrumentos.

Alguma coisa poderá solicitar o animal *somente quando o instinto permite fazer aparecer o seu uso possível*. É um instrumento apenas quando o instinto permite aparecer para os fins desejados. Mas o seu uso, o seu ser instrumento, não é determinado por uma rede diferencial (de um mundo histórico) no interior do qual se pode obter o seu significado e, portanto, não tem um significado independentemente do instinto momentâneo, logo, *do presente*. Por isso não pode ser julgado "fora do contexto", além de certas circunstâncias sensório-motoras determinadas. E aqui não é muito difícil compreender como isso deriva de uma *limitação na relação com o tempo*, de ser absorvido pelo presente e pela falta de uma relação com o mundo determinada por uma compreensão anterior.

Decisiva para Heidegger não é nem a capacidade de utilizar instrumentos nem ter e atribuir crenças. O que distingue o ser humano é o fato que todos esses comportamentos (intencionais) provém *do profundo do mundo*: o ser humano, agindo, toma posição na totalidade e não com respeito a particulares objetos. Um chimpanzé, ao contrário, utiliza objetos sem compreendê-los em seu ser, no fundo como *ocorre conosco* quando usamos algo improvisando o seu uso que, porém, fica restrito a essa ação.

Por exemplo, usar livros como grade para colocar uma taça bem no alto é um gesto de inteligência, e enquanto tal é comum, seja ao homem como aos animais superiores. Mas, que um livro colocado no alto pertença a uma escala não presente no ambiente perceptivo imediato não indica *apenas* um nível superior de inteligência e de capacidade organizativa, não é um problema meramente cognitivo: é algo que pode acontecer somente em um ser que compreende uma inteira rede de exigências e de significados, de relações temporais e espaciais e, portanto, um mundo. *Pode ocorrer somente em quem tem uma compreensão anterior*. É exatamente isso que falta ao animal, não inteligência. Aqui há um destaque que é representado pelo ser aberto ao tudo que caracteriza a existência humana.

Portanto, só o homem está exposto à diferença ontológica, isto é, compreende o ente porque há uma compreensão do *ser*. Há um nexo entre o mundo em que é pensada a diferença ontológica (o aparecer dos entes sobre o fundo de um mundo) e o modo em que se pensa a questão da animalidade. Enquanto abertos ao mundo nós, homens, "nos movemos já, sempre *na diferença do que acontece*. Não somos *nós* a produzi-la, *ela* ocorre *conosco* como acontecimento fundamental do nosso existir" (CFM, p. 457)

O "já sempre" impede de pensar que seja o homem o ator do acontecimento da diferença e do avanço do mundo. Em vez disso o homem mesmo acontece no interior da diferença. A subjetividade humana não é formadora do mundo no senso que produz o jogo do mundo, há uma passividade fundamental: não há um sujeito já constituído, que em seguida se abre ao mundo:

> *A diferença não aparece constantemente. A diferença deve já ter acontecido, se queremos experimentar o ente no seu ser-de-um-modo ou de outro modo. Não experimentamos nunca e, nunca posteriormente, em um segundo momento, alguma coisa sobre o ser a partir do ente, embora o ente, como e onde tivemos acesso se encontra já na luz do ser. Assumida metafisicamente a diferença está no início do ser em si mesmo.* (CFM, p. 458)

O acontecer do mundo produz o ser do ente e o ser do homem, porque *ser homem* significa compreender as coisas e a si mesmo à luz de uma totalidade já aberta. *Aquilo que faz as coisas serem produz também a subjetividade e o modo como essa compreende a si mesma.* Em consequência, sendo aquilo que constitui o sujeito, o mundo não pode jamais dar-se a esses como um objeto, como alguma coisa que lhe esteja adiante: não pode jamais *ser transparente pela compreensão que produz e torna possível.*

A diferença ontológica não é, portanto, produzida pelo homem, nem algo de subsistente, que existe desde a eternidade. As diferenças, na verdade, não são diferenças entre essências eternas, já que ocorrem somente no interior de um mundo histórico. A diferença ontológica ocorre historicamente, se historiciza e abre o mundo no interior do qual o ser humano se encontra no agir. Isso significa que:

> *A nossa conduta é já sempre compenetrada e domi-*
> *nada pelo ser-vinculante, na medida em que temos*
> *uma conduta de relação com o ente, e nessa conduta*
> *não em um segundo momento e incidentalmente*
> *nos adequamos ao ente, sem constrições, mas crian-*
> *do vínculos e também desvinculando-nos e errando.*
> (CFM, p. 463)

12. *Introdução à metafísica* (1935)

Introdução à metafísica é um texto fundamental da produção de Heidegger: nesse texto ele nos explica porque a metafísica ocidental se constitui como um esquecimento do *ser* e vem esclarecer as origens desse esquecimento.

Antes de tudo, Heidegger procura determinar o sentido do questionamento metafísico e o significado da própria locução "introdução à" que em alemão mantém uma forma particularmente evocativa: *Introdução a*, isto é, "entrar, conduzir dentro alguma coisa". Uma imagem que pode ser enganadora, pois pode dar a impressão de estar fora da metafísica e de dever introduzir nela, enquanto realidade; para Heidegger a metafísica é o destino do Ocidente e nós estamos dentro, dado que ela compenetra todos os momentos de nossa vida e determina o nosso pensar, mesmo quando cremos estar pensando contra a metafísica. A metafísica é o lugar em que nós desde sempre estamos e esse lugar é definido pela ideia de ser algo de estável que existe além do tempo e do pensar.

Não se trata, então, de introduzir-se nela, mas de explicitar que tipo de relação teremos com ela, com o ser; portanto, de interrogá-la quanto a sua estrutura e origem. Isso pode surgir se analisamos a estrutura da questão fundamental da metafísica. *Porque há, em geral, o existente e não o nada?* Essa questão não é uma questão qualquer, mas a mais radical, primeira e originária. Todavia, para entrar nela não podemos nos limitar a enunciá-la porque isso significaria repeti-la sem senti-la ressoar dentro do nosso ser. Repetir a questão deve, em vez disso, significar fazê-la surgir dentro de nós, como acontece em certas circunstâncias da existência quando o seu significado é algo que se arranca para nós, sacudindo os fundamentos do nosso ser. Ela se torna então uma questão radical porque nela todos os entes, e entre eles nós mesmos, entram em uma oscilação que os desestabiliza. Aparecem suspensos entre o ser e o nada em sua carência e busca de fundamentos.

Essa questão é a mais vasta, porque jorra sobre *a totalidade* do ente: não há nada que possa fugir a ela e evadir dela, nem Deus, porque mesmo sobre Deus é possível colocar perguntas que o fazem oscilar entre o ser e o nada. Se isto acontece, se percebe em sua radicalidade, então a questão abre o ser humano ao ente na sua totalidade, o conduz e o introduz em uma nova relação com as coisas:

> *É de fato através deste questionamento que o existente*
> *em sua totalidade se apresenta pela primeira vez*
> *como tal, aberto na direção do próprio possível*

> *fundamento e mantendo-se em tal abertura destes questionamentos.* (IM, p. 16)

Dessa forma, é possível entrar na metafísica, mas Heidegger quer interrogá-la, colocar-lhe as questões mais radicais da metafísica. E a mais radical das questões "por que há, em geral, o existente e não o nada?". É a questão sobre o porquê. Por que o porquê? Por que pensamos o ser como sujeito à possibilidade do nada? Que tipo de linguagem e de gramática? Que abertura de sentido?

Essas perguntas nos conduzem para um desenraizamento das ideias ocultas da origem da metafísica e ao nexo entre conceito e palavra, porque

> *na palavra ser, considerada nas suas modificações e em toda a sua extensão linguística, palavra e significado resultam conexos na maneira mais originária àquilo que eles designam, mas também o contrário. O ser mesmo está ligado à palavra no sentido do tudo diverso, e mais essencial, de qualquer outro ente.* (IM, p. 97)

Em consequência, por meio de uma série de análises etimológicas do verbo ser, Heidegger lança luz como se tivesse havido uma enorme mudança de significado do *ser* como vida e movimento ativo, de realizar o ser como substantivo, como coisa estável.

Em particular, essa transformação do verbo ser de atividade produtiva a substantiva foi possível pelo privilégio dado à terceira pessoa do indicativo presente do verbo ser: é. Nós dizemos: a mesa é, Deus é, isso existe, a caneta acabou. E isso faz com que o infinito do verbo *ser* seja interpretado a partir da terceira pessoa do indicativo:

> *A forma verbal específica e determinada "é", a terceira pessoa singular do indicativo presente, tem aqui a superioridade. O ser, nós não o compreendemos na referência ao "tu és", ao "vós sois", ou ao "eles seriam" [...] que constituem todos, e ao mesmo título do "é", outras tantas conjugações do verbo "ser". "Ser" é para nós o infinito de "é". Somos, portanto, involuntariamente levados, como se não houvesse outra possibilidade, a interpretar o infinito "ser" a partir do "é".* (IM, p. 101)

A partir desse ponto emerge uma transformação e um obscurecimento do *ser*, que é pensado a partir do ente presente. Exatamente sobre essa base o próprio ser se encontra suspenso entre o ser e o nada e o significado da palavra se torna evanescente. Essa determinação e esse pensamento ofuscam a diferença entre o ser e o ente, é exatamente a metafísica, e é a partir desse ofuscamento que se pode estabelecer a questão da metafísica fundamental, que se move já no interior de um destino do Ocidente: aquele do niilismo, a cujo interior "a palavra 'ser' não exprime mais nada e quando nos preocupamos em agarrar se dissolve como grupo de nuvens ao sol" (IM, p. 50).

13. *A origem da obra de arte* (1935)

Como vimos, é a abertura a uma totalidade de possibilidades de ação que caracteriza o nosso *ser no mundo*. Os objetos são para nós possibilidades de ação. Tudo o que se manifesta é uma possibilidade de ação: um objeto de amor, uma paixão etc. Mas, como se abre um mundo em sua totalidade? E que papel ocupa a obra de arte nesse abrir-se ao mundo?

A essas questões Heidegger procurou responder em *A origem da obra de arte*, partindo de uma ideia precisa: a origem da obra de arte não é o artista: "Artista e obra *são* aquilo que são, em si e na sua recíproca relação, em base a uma terceira coisa" (OOA, p. 3), isto é: a arte. Com essa frase um pouco enigmática Heidegger quer dizer que a obra de arte não é a expressão da história ou das visões pessoais do artista; as imagens que ressoam nela não são obra de arte enquanto *biografia* do artista, nem a arte é a expressão das moções do ânimo ou conto de histórias pessoais.

Podemos então compreender a obra de arte assim: ela é símbolo, ou seja, algo que traz notoriedade ou revela qualquer outra coisa. Haveria primeiramente a coisa, que depois se presta como base que envia ao outro e se torna outra coisa. A obra de arte seria um material que vem revestido de uma segunda função, a obra da imaginação.

Observemos o calçado de Van Gogh. Existiriam simples sapatos que se tornam, depois que o artista os transfigura num quadro, indício de outra coisa qualquer. Eles são um símbolo que existem por qualquer outro motivo: pela fadiga nos campos. A imagem representa, por assim dizer, um conceito, transforma-o em algo intuitivo. Diferente é a posição de Heidegger, para quem a obra de arte não é algo que está para qualquer outro:

> *O quadro de Van Gogh é a revelação daquilo que o meio, o par de sapatos, é na verdade. Esse ente se apresenta no não escondimento* (Unverborgenheit) *do seu ser [...]. Se isso que se realiza é a revelação do ente no que isso é e no como é, na obra é o evento* (Geschehen) *da verdade.* (OOA, p. 21)

Uma frase, sem dúvida, difícil, que pode ser interpretada numa multiplicidade de direções, mas que nós tenderemos a compreender deste modo: no quadro de Van Gogh a verdade dos sapatos se manifesta, ou seja, *revela o mundo que os sustenta*. No quadro, a função do uso do objeto não importa tanto e exatamente então se pode manifestar uma diferente modalidade de releitura. O objeto não lembra mais o seu possível uso, e os objetos a que era ligado, mas o mundo que faz ver: as estações, a chuva, os pregos dos sapatos, a terra que fora pisoteada, o céu temido ou esperado, *o conjunto enquanto totalidade de sentido*. Por isso Heidegger pôde escrever:

> *Na obra de arte a verdade do ente é colocada na obra. "Colocar" significa aqui: levada a ficar. Em virtude da obra, um ente, um par de sapatos, aparece na luz do seu ser. O ser do ente atinge a estabilidade do seu aparecer.* (OOA, p. 21)

O ser dos sapatos de van Gogh não consiste do material de que são feitos, mas nas relações que os envolvem e na atmosfera que eles incorporam. Cada objeto é dotado de dupla intencionalidade. Por um lado, é um objeto de uso e enquanto tal pede uma totalidade horizontal: o sapato serve para proteger o pé do chão, da água, das pedras. De outro lado, é um objeto para o qual todo esse mundo converge. Assim, ele se envolve com o sentido dessa realidade enquanto tal: *os sapatos carregam dentro de si todo aquele mundo*. E é esse mundo que aparece na obra de arte, a qual leva em primeiro plano a *atmosfera que sustenta aquele mundo*. Portanto, o fim da arte não é a beleza, mas mostrar a verdade do ente, arrancar para fora a verdade do seu ser. De um objeto qualquer: de um par de sapatos ou de uma broca. Procuremos, então, entender melhor esse ponto, lendo um longo passo no qual Heidegger escreve que na obra de arte o mundo consegue manifestar-se:

> *O* Eginetti *no museu de Mônaco ou a* Antígona *de Sófocles no seu melhor texto crítico, enquanto são as obras que são, abstraem-se do seu âmbito essencial. Por maiores que sejam os seus níveis e a sua capacidade de suscitar emoções, por melhor que seja a sua*

> *conservação e clara a sua interpretação, a transfe-*
> *rência para uma coleção priva essas obras do seu*
> *mundo. Ainda que nos esforcemos para anular ou*
> *evitar essa transferência, indo vê-las, por exemplo,*
> *o Templo de Pesto, ali onde se encontra, ou o duomo*
> *de Bamberga, onde foi construído, o mundo que*
> *pertencia à obra que está diante de nós foi des-*
> *truído.* (OOA, p. 26)

Compreender uma obra de arte significa entrar em um mundo. A obra de arte abre um mundo. Consequentemente, devemos nos perguntar: o que quer dizer que a obra de arte abre um mundo? Deixemos Heidegger responder:

> *O templo, enquanto obra, dispõe e acolhe em torno*
> *de si a unidade das vias e relações em que o nasci-*
> *mento e morte, infelicidade e fortuna, vitória e per-*
> *da, sobrevivência e ruína delineiam a forma e o curso*
> *do ser humano em seu destino. A amplitude da aber-*
> *tura dessas relações é o mundo desse povo histórico.*
> (OOA, p. 27)

A obra cria um centro, uma quebra no espaço. É pela obra que o mundo se torna visível, se faz mundo:

> *Ereto, o edifício repousa sobre sua base de rocha.*
> *Esse repousar da obra faz emergir da rocha a obs-*
> *curidade de sua relação, equilíbrio e, no entanto,*
> *não construído. Estando ali, a obra sustenta a*
> *tempestade que a ataca, revelando a violência.*
> *O esplendor e a luminosidade da pedra, que*
> *parece receber como dom do sol, fazem aparecer a*
> *luz do dia, a imensidade do céu, a obscuridade da*
> *noite.* (OOA, p. 27)

Desse modo, permitindo o surgimento de um mundo, *a obra de arte torna possível o habitar*, faz aparecer a Terra como pátria, casa, porque "ereto sobre a rocha, o templo abre um mundo e o reconduz, ao mesmo tempo, à Terra, que somente então se revela como solo natal" (OOA, p. 28).

Agora a Terra assume um sentido, torna-se algo que está conosco. Por exemplo, quando se diz: "Defendamos a nossa terra". Ela se torna a nossa terra apenas quando vem fazer parte de um mundo que é o nosso mundo. Não é mais areia e pedras, mas a nossa terra. E isso nos vem porque a obra de arte abre uma ordem, transforma o caos em cosmo:

> *Estando ali ereto, o templo confere às coisas o seu aspecto e aos homens a visão de si mesmos. Essa visão se atualiza até que a obra seja tal, até que Deus não fuja dela [...]. O mesmo se diga das obras em palavras. Na tragédia nada é apresentado nem representado, mas é um combate à luta travada entre os velhos e os novos deuses.* (OOA p. 28)

Com o emergir de um centro as coisas adquirem equilíbrio, um alto e um baixo, um "sentido", ou seja, uma direção, um *voltar-se-para-onde*: tornam-se compreensíveis. Os homens mesmos podem adquirir uma própria consciência de si, uma identidade sua, diferenciando-se do resto e assumindo uma posição pessoal no cosmo.

Enfim, quando nele não há mais o deus, ou seja, um centro, o templo cessa de ser uma obra de arte no sentido efetivo, tornando-se apenas um monumento exposto à curiosidade. Não é uma obra de arte porque não desenvolve mais a função de centro do mundo, de produção de sentido. Segundo Heidegger, "constituindo-se em seu ser-obra, a obra abre um mundo e o mantém em uma permanência ordenada" (OOA, p. 29).

No fazer poesia, em que o sentido não tem evidentemente algum significado lírico, se produz uma medida, uma *ordem* no interior da qual o ser humano pode permanecer tendo uma compreensão de si e das coisas. *Qualquer coisa assume uma medida, uma fisionomia e um posto, diferenciando-se do outro e em oposição ao outro*. O homem compreende quem é e que coisa significa *ser homem* por contraste e diferenciando-se dos deuses, dos animais. A obra de arte produz aquela estrutura hierárquica em cujo interior o homem se torna capaz de responder às próprias possibilidades de ação. Daí a função ontológica da obra de arte.

14. *Contribuições para a filosofia (Dall´evento)* (1936-1938)

> *A obra* Contribuições para a filosofia (Dall´evento) *foram redigidos por Heidegger entre os anos 1936 e 1938, em um momento de profunda crise existencial e intelectual. Duas questões em particular atormentavam o filósofo: sua relação com a fé de origem e a interpretação do significado do cristianismo e a falência da experiência de reitorado, com a sua consequente retirada de cena pública. É nesse clima de profunda*

> *solidão que amadurece a redação de* Contribuições,
> *que Heidegger escreveu quase para si mesmo como*
> *uma tentativa de levar ao pensamento a experiência*
> *vivida, explicitando o conteúdo filosófico e repe-*
> *tindo ao mesmo tempo o caminho percorrido até*
> *aquele momento.*

O tema central de *Contribuições* é constituído pelo pensamento do evento, cuja definição se torna impossível, pois o seu caráter é a irredutibilidade do acontecimento; assim, Heidegger observa que "o evento acontece". O evento é o acontecimento que nada anuncia, que nada causa, já que ele não se dirige a algum fundamento, nem a outro de si. A metáfora que dá a noção do evento é o relâmpago, alguma coisa que provoca a improvisação.

O termo "evento" pode, porém, ser melhor compreendido se nos voltarmos para o original alemão *Ereignis*, que Heidegger liga a *eigen*, ou seja, "próprio". O evento ocorre quando o homem e o ser são carregados ao próprio da sua relação, quando o homem pode atingir a si mesmo (apropriando-se) e o ser pode atingir a si mesmo desenrolando a própria essência, porque nem o homem, nem o ser podem atingir a si mesmos sem que o homem leve o ser ao seu desenrolar, revelar que o ser se revela ao homem.

O evento é esse acontecer da relação, que leva ambos a desenrolar-se pela própria essência, emergindo assim um conceito essencial de história: a história do evento, ou seja, do encontro entre homem e ser. As doutrinas filosóficas são eventos na medida em que nelas houve uma relação de apropriação entre o homem e o ser, por assim dizer, na medida em que, por meio delas, o homem encontrou uma própria estrada para entrar em contato com o ser.

Por meio da filosofia, enquanto evento, o homem foi capaz de responder àquilo que lhe era destinado, porque o evento poderia também ser compreendido como responder àquilo que desde sempre nos era destinado, no estar dentro de uma verdade finita, assim como a baleia do momento histórico. O evento é então o acontecimento de uma experiência em que, aquilo que desde sempre é digno de ser pensado, vem atualizado historicamente.

Nesse sentido, Heidegger fala do "brilhar" e do "apagar" da "unicidade" do ser como dos eventos pelos quais homem e ser possam desenrolar a própria essência na história do *ser*, assim como a história do *ser* conhece em longos espaços de tempo, que para ele são apenas instantes, raros eventos de apropriação (CF, §116).

A característica do evento é, portanto, que a atualização implique no desvelamento de certas possibilidades e em manter outras encobertas, de tempos em tempos o homem deve saber colocar-se nesse diálogo com o ser, mesmo na época da morte de Deus, na qual o ser se retira do ente. Isso implica na necessidade de fazer uma outra experiência da história, compreendendo-a não mais como um desenvolvimento progressivo e teleológico, mas a partir da época do *ser*, e a partir do fato que devemos responder ao ser a partir do nosso pertencer a uma época, e mais radicalmente, a partir da revelação do *ser* como se dá em determinada época, sem poder ter um olhar sobre o "sentido da história", porque a história é apenas a história da historicidade do *ser*, do abrir-se e do ocultar-se de possibilidades do *ser*.

Se o homem está na história neste mundo, então pode ocorrer o evento, pelo qual é atribuído um ser ao *ser-aí* e esse é transposto no ser. Exatamente aquele que corre o risco de não acontecer, na medida em que a técnica e a ciência, conectando-se em uma maquinação que tudo compreende e reduz a terra em material à disposição, torna impossível escutar o ser. Nesse sentido, a exasperação do tema do vivido vem suprir, e ao mesmo tempo denunciar, que nenhum evento de apropriação advém. A busca obsessiva por uma vida real serve para esconder o que se perdeu: o centro do próprio ser.

Sob esse enfoque, na parte VII em *Contribuições*, Heidegger apresenta a figura do último deus, cujos contornos são obscuros, porque este se subtrai a cada cálculo (CF, §253), se manifesta por acenos que o homem deve saber ouvir. Alguns caracteres, todavia, deixam-se extrair das obscuras páginas heideggeria-nas. Em primeiro lugar, o último deus não pode ser reconduzido àquilo que estamos habituados a rubri-car sob os títulos de "mono-teísmo", "pan-teísmo" e "a-te-ísmo", porque todos esses teísmos se movem no interior da abertura judaico-cristã. (CF, §256).

Em segundo lugar, o último deus não representa o fim, mas um novo início da nossa história, um início em que o homem manterá outra relação com o ser.

15. *Nietzsche* (1936-1946)

Esses temas vêm aprofundados no longo confronto com Nietzsche. Vimos como o escondimento do *ser* vem configurar-se como evento histórico fundamental e como o destino da história do Ocidente, porque coincide com o niilismo, tema que Heidegger enfrenta por meio de um confronto cerrado e repetido com Nietzsche, primeiramente em alguns cursos que o ocuparão de 1936 a 1946, depois com um ensaio de 1953 sobre a afirmação de Nietzsche: "Deus está morto".

A ideia fundamental de Heidegger é como ele escreve nesse último ensaio que na época atual "o ser se torna valor" (SN, p. 237). Uma coisa é alguma coisa enquanto tem um valor. Mas se o valor é colocado no sujeito, então o ser se torna algo dependente deste e privado de autonomia, em vez de ser algo que de fato se impõe, reinando sobre o objeto. Desse modo, o seu degrau é rebaixado. Na medida em que o ser é reduzido a valor, tudo pode ser medido e avaliado.

> *O que atesta que o ser não permanece ser enquanto ser. O que significa isso? O que acontece com o ser? O ser não é nada. E se exatamente aqui se revelasse a essência do niilismo, que até agora permaneceu*

> *escondida? O verdadeiro niilismo consistirá, talvez, no pensar através de valores?* (SN, p. 238)

Mas nessa determinação do *ser* como valor está incluído também o destino da nossa relação com Deus. Não sendo pensado na base do *ser*, mas na base de valor (como valor supremo), Deus se reduz a nada, a alguma coisa de colocação de subjetividade. Portanto, observa Heidegger:

> *O golpe mais duro contra Deus não consiste em mantê-lo irreconhecível, provando-o indemonstrável em sua existência, mas em elevá-lo a valor supremo. Esse golpe não é dado por quem está vendo e não crê em Deus, mas por crentes e por seus teólogos que falam do mais existente dos entes sem nunca se empenhar em pensar o ser mesmo.* (SN, p. 239)

A morte de Deus consiste em considerá-lo o valor supremo, ou seja, uma exigência da vontade de poder. "A posição de valores pôs sob si mesma todo ente, matando-o em seu ser" (SN, p. 241). E ainda:

> *O pensar através de valores, próprio da metafísica da vontade de poder, é morte no sentido extremo, porque é um* não *deixar ser o ser mesmo em seu surgir e abrir-se defronte ao homem e na presença vivente da sua existência.* (SN, p. 241)

Diante dessa posição de valor que não deixa ser, o ser se dá retraindo-se. O ateísmo não deriva do fato de que Deus não é mais credível, porque se tornou alguma coisa não mais sustentável, já que foi destruída a possibilidade de crer, enquanto não se pode mais procurar Deus (SN, p. 245), e isso deriva do fato de que não se pensou o ser.

Nesse sentido, para Heidegger, assim como para Nietzche, fica no interior da metafísica do sujeito, porque em sua filosofia é o sujeito a dar sentido às coisas: "A metafísica de Nietzche é a metafísica na qual vontade de poder conduz ao comando" (N, p. 611) quando isso acontece, do ser não há nada mais. De fato, em Nietzche, é apenas graças à interpretação que as coisas são um ente, que têm um significado e, portanto, que são e vêm a ser.

O niilismo significa, portanto, que o ser é nada. O ser das coisas foi reduzido a valor, a algo que se sobrepõe a ele a partir do exterior. Portanto, se é o homem que confere significado às coisas, então o ser já está reduzido à palavra vazia. A ideia de Nietzche é, na verdade, que o ser é e sempre foi uma posição de valores que vinham, então, hipostatizados. Sua tentativa consiste simplesmente em procurar utilizar consciente-mente essa posição de valor, pela qual "a transvalidação, escreve Heidegger, pensa pela primeira vez o ser como valor" (N, p. 566).

A gênese dos valores deve, para Nietzche, ser re-conduzida à essência da vontade de potência. Ao vir a ser enquanto vontade de potência: "Cada potência é potência apenas enquanto e até que é mais-potência, ou seja, potencialização da potência" (N, p. 567). A es-sência do niilismo consiste no fato que o ser é nada, que as coisas são um ser e não como pensava Nietzsche, que os valores se desvalorizam.

A filosofia do valor pode instalar-se somente no pressuposto que do *ser* não há nada, que as coisas têm apenas valor que vem a elas conferido pela subjetividade, portanto, sobre a base da ideia segundo a qual sentido é sinônimo de valor, de escopo. Mas isso é possível apenas por meio da ideia moderna de sujeito como aquele que confere sentido a algo fundamentalmente insensato.

Nessa direção, o aferimento de valor se torna domínio total e sem limites da técnica, cuja competência é da metafísica, e ela mesma é de natureza metafísica, porque em sua base está a ideia segundo a qual não há um ser das coisas. A transvaloração de todos os valores se revela então ser "incondicionado domínio da pura potência sobre o mundo terrestre, a obra do homem" (N, p. 569).

Nas afirmações de Nietzsche é, portanto, a hierarquia dos valores que vem transvalorizada, mas isso não quer também colocar em discussão a ideia de que o sentido é equivalente ao valor. O que Nietzsche introduz é somente a ideia de que o valor supremo é representado pela vontade de potência: "Se todo o ente é vontade de potência, então 'tem' valor e 'é' um valor apenas aquilo que realiza plenamente a potência na sua essência" (N, p. 568).

Um valor é "bom" apenas enquanto incrementa, permite a conservação e o acréscimo da vontade de potência:

> A nova posição dos valores é "transvaloração de
> todos os valores até agora válidos", não apenas

> *enquanto no lugar desses últimos, põem, qual*
> *valor supremo, a potência mesma, e* apenas essa,
> *põe valor.* (N, p. 568)

Para Heidegger, ao contrário, a base do aparecer não é a vontade de potência, mas o tempo enquanto desvelar-se e velar-se do *ser*, enquanto verdade do ser. Daqui a tomada de distância de Nietzsche, que

> *não é capaz, não obstante todas as intuições, de reco-*
> *nhecer a essência oculta do niilismo porque o ataca*
> *desde o início como o processo de desvalorização dos*
> *valores supremos.* (N, p. 582)

Em particular, o pensamento de Nietzsche re- trata sistematicamente o nada. Todo o seu discurso se desenvolve a partir da ideia segundo a qual o ser é nada, porque o ser, nós que o colocamos nas coisas e agora o enclausuramos. Assim, ele domi- na em contraste com o nada. E ao nada, segundo Nietzsche, podemos nos opor somente com um complemento de vontade de potência, por meio do qual colocar novos valores.

Isso ocorre, segundo Heidegger, porque não nos é questionado o que significa esta palavra: nada. O que é o nada? O nada indica certamente que não há algum objeto. Portanto, o deixar de lado a totali- dade dos entes. Mas no deixar de lado de cada ente deixamos de lado também o ser?

A essa questão, é necessário responder de modo afirmativo, mas apenas se pensa o ser como um ente. Ao contrário, as coisas ficam diferentes se pensar o ser como algo de muito similar ao nada, dado que como o nada e o inexistente também são seres, não um ente, não são um objeto determinado. Trata-se, portanto, de pensar a diferença entre o ser e o nada a partir da semelhança deles, ou seja, do fato que ambos não são entes determinados.

Heidegger coloca em discussão a alternativa clássica, pela qual o *eu* existe como um objeto ou então somos inconsistentes. Segundo o modo de pensar metafísico,

> o nada *"é" "algo"* sem dúvida alguma, ou então *deve ser um "ente". Porém, evidentemente o* nada *não pode jamais ser um ente, não permanece senão outra possibilidade, isto é, que o nada seja o absolutamente nulo.* (N, p. 581)

No interior dessa afirmação, Deus está morto porque a metafísica lhe impôs as coisas de tal modo a impedir-se de pensar Deus, senão como algo morto, como um objeto que para existir deveria conformar-se à estrutura do pensamento humano, portanto, cessar de ser Deus. E a base disso está na interpretação da palavra *ser*. Ser significa agora: o *ser*, entendido como substantivo denota uma coisa, a coisa total e mais importante. Perdemos a raiz do verbo, seu aspecto dinâmico, como o temos visto apresentando a *Introdução à metafísica*.

Apresentado esse esquecimento do *ser*, pode surgir a figura do super-homem, porque

> *somente na doutrina do super-homem, como doutrina*
> *da não condição da preeminência do homem sobre*
> *o ser, a metafísica moderna alcança a determinação*
> *extrema e completa da sua essência.* (N, p. 588)

O super-homem é a realização da época moderna, de uma época em que "o homem se torna medida e centro do ente" (N, p. 587).

16. *Carta sobre o humanismo (1946)*

Exatamente esses temas fazem emergir que o centro do pensamento de Heidegger gira em torno da questão do *ser*, e que não é uma antropologia. Todavia, sobre a onda de *Ser e tempo* havia se desenvolvido o que foi chamado *movimento existencialista*, que tinha em Jean-Paul Sartre uma das figuras proeminentes. Em particular, em 1946, Sartre havia publicado um livro com o título *O existencialismo é um humanismo*, no qual definia a condição humana como um ser lançado dentro das possibilidades. Assim, a existência era a abertura ao possível, era liberdade e, portanto, a condição humana caminhava em contraposição clara a como conseguiria a tradição metafísica, segundo a qual a essência do homem é definida previamente pela sua existência e o seu *ser* (quem é o homem).Vem definido primeiramente pela existência efetiva e concreta do pessoal. Para Sartre, porém, a existência precede a essência, já que cada um será aquilo que escolher ser.

É também nesse contexto que deve ser lida a *Carta sobre o humanismo* de Heidegger, que de resto se apresenta literariamente como uma resposta a quesitos apresentados a Heidegger por um filósofo francês. E desde o exórdio emerge a diferente direção que Heidegger pretende seguir no que diz respeito a Sartre e, em geral, no que diz respeito a cada humanismo, porque ele busca uma definição não metafísica do homem. Para Heidegger:

> *Cada humanismo ou se funda na metafísica ou estabelece para si mesmo um fundamento de uma metafísica do gênero. É metafísica cada determinação do ser do homem que já pressupõe, sabendo ou não sabendo, a interpretação do ente, sem colocar o problema da verdade do ser.* (LU, p. 275)

Aquilo que ele procura é um posicionamento do problema, que assuma o movimento de referência do *ser* ao ser humano, ou seja, que procure pensar o homem a partir da verdade do *ser*, e a essência do homem como lugar em que se revela a verdade do *ser*, assim como o homem é homem enquanto exigência do seu *ser*. Apenas enquanto exigência do *ser* o homem é um falante, tem uma linguagem e pode pensar, por meio dela, a essência do seu *ser* como a uma possibilidade que espera desde sempre por ser considerada.

Portanto: "A essência do homem não consiste no fato de ser um organismo animal" (LU, p. 278). A sua peculiaridade é, ao contrário, a sua existência, o seu estar exposto à verdade do *ser* e desprender a própria essência "no modo de ser o 'nós' (Da), ou seja, o cerne do *ser*" (LU, p. 278).

O homem é, portanto, enquanto se move num espaço aberto de sentido que é dado e que deve proteger, tendo cuidado com a linguagem pela qual a verdade do *ser* toca-o. Nesse sentido, a linguagem é a casa do *ser* e o homem é o pastor do *ser*. Em consequência, Heidegger toma distância da ideia de autonomia e de liberdade absoluta de Sartre, que se limita a publicar a tese da metafísica antepondo a existência à essência, e esquecendo assim que "a publicação de uma tese metafísica permanece uma tese metafísica" (LU, p. 281).

Para Heidegger, ao contrário, a essência do homem é dominada pela verdade do *ser*. O homem é a e-xistência e isso quer dizer que não há uma substância do homem. O homem acontece a partir e ao dar-se à verdade do *ser* nas várias épocas da história do *ser*. A sua autêntica essência não é a subjetividade nem a autodeterminação, mas o pertencimento ao destino do *ser*. Por isso ele escreve:

> *O homem é, acima de tudo, "lançado" do ser mesmo na verdade do ser, de modo que, assim e-xistindo, vigie a verdade do ser, até que na luz do ser o ente apareça como aquele ente que é. Se e como ele vai aparecer, se e como Deus e os deuses, a história e a natureza entrem no cerne do ser, se apresentem e se assentem, não é o homem a decidir. O advento do ente repousa no destino do ser.* (LU, pp. 283-284)

Daqui é necessário movimentar-se para pensar a essência da linguagem e a relação que o homem entretém com ela. A linguagem, de fato, não é mera faculdade do homem, um meio para comunicar pensamentos humanos. Ela é, ao contrário, "a casa do *ser*, habitando a qual o homem e-xiste, pertencendo à verdade do ser e protegendo-o" (LU, p. 287). A linguagem, portanto, mais que ser um meio, é *o ambiente* em que o homem habita enquanto homem, dado que nós nos acostumamos ao ente (à fonte, ao bosque, aos nossos desejos) por meio de palavras (fonte, bosque, desejo), já que é na linguagem que as coisas desprendem sua verdadeira essência.

Portanto, o homem pensa a partir do ser que se dá nas várias épocas históricas, dado que o dar-se do *ser* torna-se história do *ser*, enquanto "se torna linguagem na palavra dos pensadores essenciais" (LU, p. 288).

Por isso, o projeto é projeto do *ser* antes de projeto do homem. Porque o homem é um projeto lançado. O projeto humano vem a partir de um preliminar dar-se à verdade do ser e, portanto, a partir do âmbito de possibilidades já aberto em que o homem é lançado do *ser* mesmo. O ser é o mais próximo para o homem, é a abertura de sentido em que ele se move e que o faz homem, que o faz e-xistir. É mais próximo de qualquer outro existente, dado que cada ente o é a partir da verdade do ser que o faz aparecer e, todavia, é também o mais distante exatamente por que na história do Ocidente, o ser permanece escondido, provocando a noite dos deuses (cf. sobre isso também *Por que os poetas?*). De fato:

> O sagrado, que sozinho é o espaço essencial da divin-
> dade, que somente a sua volta concede a dimensão
> para os deuses e para Deus, consegue aparecer ape-
> nas se primeiramente, após longa preparação, o ser
> mesmo vem a purificar-se e é experimentado em sua
> verdade. (LU, p. 291)

Na medida em que perde a referência da verdade, o homem se encontra vivendo num mundo sem
sentido, com entes entre os quais se sente um estranho porque se perde nisso sem encontrar o centro
representado pela verdade do *ser*. E na medida em
que o ser permanece sem seu centro e obscureci-
do, no que diz respeito ao ente, a estranheza não
caracteriza apenas as pessoas singularmente, mas a
própria essência do homem. Vaga nessa estranheza,
sem pátria, tendo um destino mundial. Por isso,
Heidegger define o homem como uma relação
com o *ser*:

> O homem, na sua essência, de acordo com a história
> do ser, é aquele ente cujo ser, enquanto e-xistência,
> consiste no habitar na vizinhança do ser. O homem é
> o vizinho do ser. (LU, p. 295)

17. *Por que os poetas?* (1946)

Muitos desses temas reaparecem no escrito sempre a partir do ano 1946. *Por que os poetas?* O ponto de encaminhamento é constituído do verso de
Hölderlin "[...] e por que os poetas no tempo da
pobreza?", que Heidegger interpreta a partir dos

conceitos da "noite do mundo", "ausência de Deus" e da fuga dos deuses, entendidos como cifras que descrevem a essência da época presente. De fato, como ele escreve:

> *A falta de Deus significa que não há mais nenhum Deus que acolha em si, visível e claramente, os homens e as coisas, ordenando nesse acolhimento a história universal e a estadia dos homens nela [...]. O tempo da noite do mundo é o tempo da pobreza porque se torna sempre mais pobre. Já se tornou tão pobre que não pode reconhecer a falta de Deus como ausência.* (PP, p. 247)

Trata-se de uma noite que pode acabar apenas se os homens encontrarem sua própria essência, alcançando até o abismo da falta de fundamento da época atual e reencontrando, nesse abismo, os traços dos deuses fugitivos. Os poetas têm a função de preparar o possível retorno dos deuses, porque esses só conseguem se manifestar no esplendor do sagrado. Apenas se os homens conseguirem trazer o sagrado, que de uma parte é o traço dos deuses fugitivos, por assim dizer, *o sinal da sua ausência*. De outro lado, é um traço que arrisca ser ela mesma perdida. Na época presente:

> *Não apenas se perde o Sagrado como o traço da divindade. Estão apagados também os sinais desses traços, estão perdidos. Quanto mais os traços se perdem, tanto menos é possível a um mortal, jacente em um abismo, poder reconhecer um aceno ou uma marca.* (PP, pp. 250-251)

Dada essa função da poesia, de custódia ou de descoberta dos traços do Sagrado, Heidegger indica a necessidade de um diálogo entre poetar e pensar, com o fim de responder às interpelações da nossa época, ameaçada pela técnica que quer impor o seu próprio projeto e reduzir a totalidade dos objetos a objetos disponíveis e manipuláveis, a ponto de "a ciência moderna e o estado totalitário, enquanto consequências necessárias da essência da técnica, serem por isso mesmo seus fenômenos concomitantes" (PP, p. 267).

Esse domínio técnico não é representado pela presença técnica maciça das máquinas, já que as mesmas máquinas são apenas expressão da essência da técnica como incondicionada vontade de imposição. O que caracteriza o domínio técnico é o fato que as coisas não podem mais manifestar-se no seu *ser*, de quem o homem deve custodiar a essência. Assim:

> *Construindo tecnicamente o mundo como um objeto, o homem destrói seca e integralmente toda via em direção à Abertura, que lhe é já por si mesma barrada. O homem se autoimpõe – quer o queira, saiba ou não, é o funcionário da técnica.* (PP, p. 271)

Desse modo, o homem não tem mais acesso à verdade do *ser* e perde até os traços dos traços do Sagrado. Para fugir a esse perigo são necessários os poetas, aqueles que se arriscam no abismo e na falta de fundamento da nossa época e, calando-se no abismo, encontram os traços do Sagrado e os tornam disponíveis aos homens, mantendo aberto o espaço para um novo início. E é com esse espírito que

Heidegger se debruça dialogicamente para a poesia de Rilke, da qual emerge que

> *o tempo é pobre porque privado do não escondimento da essência da dor, da morte e do amor. Pobre é essa mesma pobreza, porque dissipa a região essencial em que a dor, morte e amor se recolhem.* (PP, p. 253)

Na época da noite dos deuses, dor, morte e amor estão privados de sentido, não exibem mais a sua essência porque não aparecem à luz do Sagrado e, nesse sentido, a vida dos homens é pobre.

Rilke, segundo Heidegger, exprime em sua poesia uma determinação do *ser* como risco, em que

> *o termo "risco" denota ao mesmo tempo o fundamento de risco e o arriscado em seu conjunto. Equivocidade. Não fortuita e não transcurável. Nela se exprime nitidamente a linguagem da metafísica.* (PP, p. 261)

A sua poesia torna visível o tipo de abertura em que se move a existência contemporânea, e que

> *com o intensificar-se da consciência, cuja essência consiste pela metafísica moderna em representar, compara o estar e o contra estar próprio do objeto. Quanto mais a consciência é elevada, mais o ser consciente está separado do mundo.* (PP, p. 263)

O homem moderno não se sente dentro do mundo, envolto no aberto, mas sente-se, sim, experiente como um sujeito contraposto ao mundo.

Não se adverte como parte sua e como que envolto por uma aura de sentido, e é por isso que se modifica a maneira em que a morte, a dor, o amor são experienciados. Estes não são vividos como "sensatos", como dotados de uma direção no interior de uma totalidade de sentido, por assim dizer, como a outra parte, aquela obscura, da vida. Eles devem, portanto, ser compreendidos na sua positividade no interior da verdade do *ser*. Assim:

> *A autoimposição separadora da objetivação quer a estabilidade objetiva do objeto fabricado; somente a isso ela concede o valor como ao ente e ao positivo. A autoimposição da objetivação técnica é a negação constante da morte. Por causa dessa negação, a morte se torna algo de negativo, o puro e simples não estável, o nulo.* (PP, pp. 279, 280)

Em decorrência, o dever dos poetas na época da pobreza é: custodiar as fontes do sentido da linguagem e permitir aos homens habitar poeticamente a terra com base em um desvelamento de sentido.

18. *A poesia de Hölderlin* (1940-1960)

Dos poetas da pobreza o precursor é Friedrich Hölderlin, e exatamente porque é o precursor ninguém pode ultrapassá-lo e a sua poesia fica como um destino. Não admira que nos anos entre 1940 e 1960 Heidegger mantinha um diálogo contínuo e profundo com esse poeta.

Porque ele representa um momento decisivo na meditação heideggeriana, emerge com clareza se confrontamos o frenesi que caracteriza a técnica à *serenidade* produzida pela poesia. Acima de tudo, o sereno, assim como é cantado por Hölderlin, não é um objeto, algo que se possa dominar tecnicamente, nem algo que esteja em frente, "e, todavia, não é 'nada' " (PH, p. 20). A serenidade não está em frente, mas envolve e dispõe o homem, abrindo espaço no seu sentir-se em casa, de estar retornando à sua própria pátria. Nesse sentido, a serenidade é a dimensão entre a qual e a partir da qual pode manifestar-se o sacro. De fato:

> *A dimensão serena mantém e tem tudo saudável e salvo* (heil). *A dimensão serena salva* (heilt) *originariamente. Ela é o sagrado* (das Heilige). *O "Altíssimo" e o "sagrado" são o mesmo para o poeta: a dimensão serena. Ela se torna como origem de toda coisa alegre, quanto há de mais festivo.* (PH, p. 22)

A palavra poética permite vir ao encontro da alegria, pela qual também a dor e o luto adquirem sentido, tornando-se luto de alegrias passadas, e desse modo o ânimo dos homens é iluminado. Por isso, a poesia não consiste em revestir-se de uma natureza ou de uma paisagem com experiências vividas do tipo poético, mas *no descobrir e no colher nela a proximidade de origem*. E assim emerge o significado ontológico da alegria, cuja essência original "é o retorno à casa na proximidade de origem" (PH, p. 30).

De casa na proximidade, mas sem retornar à origem. Denominando-o poeticamente, o poeta faz aparecer na palavra o sagrado, também se "o deus está distante" (PH, p. 33), pelo qual sem medo diante da aparência do ateísmo, o poeta fica próximo à ausência de Deus e se mantém atento, tendo cuidado com a linguagem em que o sagrado pode aparecer. De fato:

> *É mesmo apenas a linguagem que nos concede a possibilidade de estar no centro da abertura do ente. Apenas onde há linguagem há mundo, ou seja, o local de mudanças nas decisões e obras, de ações e responsabilidade, mas também arbítrio e rumor, decadência e confusão. Somente onde há mundo que domina há história. A linguagem é um bem em sentido mais originário. Ela traz o bem-estar, ou seja, a garantia de que o homem pode ser enquanto histórico.* (PH, p. 46)

Na linguagem as coisas desempenham o seu papel, assim como os poetas *estabelecem*, em sentido originário, um mundo. Eles fixam algo de estável, algo simples e fixo, em relação ao qual o mundo é mutável, e desse modo transformam a confusão em ordem, toda coisa adquire um sentido e uma medida, abre o ser e cada ente pode aparecer à luz do *ser*. Por isso Heidegger escreve que:

> *A poesia é o nomear que institui o ser e a essência de todas as coisas, não um dizer qualquer, mas aquele graças ao qual apenas se mostra à abertura tudo o que nós depois discutimos e tratamos na linguagem de todos os dias. Por isso, a poesia não toma jamais a linguagem como um material já presente, mas é somente a poesia mesma a tornar possível a linguagem. A poesia é a linguagem originária de*

> um povo histórico. É, portanto, vice-versa, a essên-
> cia da linguagem que será compreendida a partir
> da essência da poesia. (PH, p. 52)

19. *A questão da técnica* (1953)

A poesia deve, portanto, encarar a época da técnica, a cujo significado essencial e histórico-epocal
Heidegger busca se agarrar em *A questão da técnica*.
Aqui ele cuida de tomar distância de dois modos
opostos, mas igualmente insuficientes, de responder
a ela: de uma parte o que a exalta enquanto expressão do crescente poder do homem; de outro, o que
a condena como algo demoníaco. Para Heidegger, a
técnica é um destino do qual não podemos fugir, que
devemos compreender no seu significado essencial
para a vida do homem.

Nessa direção, Heidegger quer tomar distância da
ideia segundo a qual ela é algo de neutro, que podemos usar bem ou mal, e da ideia característica de sentido comum, segundo a qual a técnica "é um meio e
uma atividade do homem" (QT, p. 5). A técnica compreendida desse modo seria algo de não essencial na
vida do homem, dado que ele a utilizaria como um
instrumento apto a alcançar certos fins. Por exemplo:
a energia nuclear pode ser usada quer para melhorar
a nossa vida como para destruí-la, como ocorre nos
usos bélicos.

Para Heidegger, ao contrário, a técnica é um
modo de *desvelamento*, tem um papel para com a

verdade porque a partir dela os entes assumem um sentido particular: aquele de ser recursos inertes a serem desfrutados, bem como na técnica a natureza é *provocada*:

> *O desvelamento que ocorre na técnica moderna é uma provocação* (Herausfordern, *uma aposta) a qual espera que a natureza lhe forneça energia que possa como tal ser extraída e acumulada [...]. A terra se desvela como um campo carbonífero, o solo como reserva de minerais. De modo diferente aparece o terreno que em um tempo o agricultor cultivava, quando cultivar queria dizer buscar e tomar cuidado.* (QT, p. 11)

A técnica leva à descoberta da energia escondida na natureza. Coloca-a na luz e a faz emergir. Isso significa que a terra e os entes não se manifestam mais como entes a serem cuidados, e o produzir não é mais um fazer vir o que já está pronto para alcançar a sua plenitude. O produzir, em vez disso, o estabelecer algo a um fundo inerte (*Bestand*) a ser desfrutado e para aprontar, tendo em vista o domínio. E o próprio homem está inserido nesse sistema, no qual e a partir do qual cada coisa *exige* algo mais, assim como a identidade de cada coisa deriva somente das exigências de funcionamento de algo mais.

Nesse sentido, podemos dizer que *a técnica é um conjunto de exigências às quais é preciso submeter-se e submeter a natureza*. Na medida em que há necessidade de se submeter, ela não é um instrumento, mas é um dar-se a si mesmo no âmbito da validade. A técnica *esconde* o possível e faz ver apenas o necessário. As escolhas técnicas se justificam a partir de uma base de necessidades complexas, por assim dizer, sistêmicas, ou seja, a partir de um sistema que demande que se liguem os organismos um ao outro de modo que um exija o outro no interior de um mecanismo global.

O significado deles consiste em estar inseridos nessa preparação técnica. As coisas se tornam um fundo à disposição, sujeito somente a exigências de funcionamento. À concentração de todas as exigências de unidade de essências que provoca o homem a empregar as coisas como fundo inerte, Heidegger chama de *Ge-stell*, traduzido como "imposição" ou "implante." Isso:

> *Indica a reunião daquele e-xigir* (Stellen) *que exige, pro-voca o homem a desvelar o real. No mundo do emprego, como "fundo", imposição se chama o modo de desvelamento vigente na essência da técnica moderna sem ser isso mesmo algo de técnico. No âmbito da técnica pertence, ao contrário, tudo aquilo que conhecemos pelo nome de entrelaçamento, pistões, armaduras, que são partes constitutivas do que se chama montagem. Isso, todavia, junto com as mencionadas partes constituídas, entra no âmbito do trabalho técnico, que responde sempre apenas na pro-vocação da im-posição, mas não a constitui nem a produz.* (QT, p. 15)

Estando assim as coisas, emerge claramente a insuficiência daquela determinação da técnica que a considera um simples meio nas mãos do homem, dado que dispõe do homem e o dispõe em direção ao ser. Ela se apresenta, portanto, como destino, ou seja, algo que nos é enviado para que se responda ao envio. Portanto, que o homem saiba colher a essência da técnica para não se ver subordinado, porque o risco é que o homem interprete erroneamente aquilo que se desvela na técnica.

Se, de fato, a técnica é essa imposição em que também o homem se torna fundo inerte, ela representa então um perigo extremo, ao qual se pode responder apenas procurando na própria técnica outra possibilidade. O homem deve relacionar-se com o desvelamento representado pela técnica a partir da "dignidade suprema de sua essência", e tornar à própria essência porque a dignidade do homem "consiste em custodiar o desvelamento e, sempre e acima de tudo, o ser escondido de cada essência sobre esta Terra" (QT, p. 24).

Trata-se, segundo Heidegger, de um caminho perigoso e nada garante que seja percorrido, mas indicado por ele como uma possibilidade que deve ser aberta à arte, chamada a corrigir o desvelamento da imposição, fazendo aparecer um desvelamento em cujo interior o produzir possa estar fundado no custodiar, como já vimos quando tratamos da interpretação de Hölderlin.

20. *Identidade e diferença* (1957)

Todos esses temas nos conduzem ao modo como o pensamento ocidental pensa o dar-se do *ser* e a relação que o homem mantém com o ser; são exatamente esses temas que Heidegger encara em

Identidade e diferença, que é sucesso nas duas conferências: "O princípio da identidade" (1957) e "A estrutura ontoteológica da metafísica" (1957). Trata-se de dois textos muito independentes, mas ligados pela ideia de fundamental copertença de identidade e diferença. Há, em outros termos, um copertencimento entre as coisas e o mundo.

Sem as coisas o mundo não poderia aparecer e sem o mundo as coisas não seriam o que são. Portanto, o revelar-se do *ser no mundo* não se mostra em nada particularmente, mas é a aura, ou o horizonte de sentido, que as envolve e as faz parecer como dotadas de significado. Há, portanto, uma copertença do *ser* e do ente. E, todavia, eles não se fundem. Entre eles permanece uma diferença, algo que se perde. *Aquele mundo não é aquelas coisas*, tanto é verdade que as coisas podem ficar e o mundo desaparecer. E aquelas coisas não são aquele mundo, exatamente porque podem permanecer como meras coisas, nas quais não transparece mais algum sentido do *ser*.

Emerge daí a ideia segundo a qual entre ser e ente há uma relação de identidade e de diferença. De identidade porque o ser não é pensado como algo que se dê independentemente do ente, e quando vem pensado como independente do ente se entifica e se transforma em um *superente*, enquanto o ser é sempre o ser do ente. Mas há diferença, porque o ente pode manifestar-se à luz do *ser* e é disso que deriva o seu significado.

Para captar essa diferença é então necessário, segundo Heidegger, abandonar o pensamento identitário, que visa captar o interior, assumindo como "método" do pensar "o passo atrás (*der Schritt zurück*)", de modo a não se manter próximo àquilo que chega à destinação (o ente captado a partir do *ser*) e retroceder em direção ao destinatário mesmo (o envio do *ser*), ou seja, por meio da diferença.

Naturalmente, se aqui Heidegger se volta para o princípio de identidade, aquilo que provém por meio de uma interpretação que diverge daquela dada pela metafísica. Nesta última, o princípio de identidade afirma que "a cada ente enquanto tal pertence a identidade, a unidade consigo mesmo" (ID, p. 31), enquanto Heidegger o repreende por indicar a identidade do *ser* e do pensar, o *seu ser próprio* e, portanto, para indicar a copertença do homem (pensamento) e ser. O homem, sendo o ser que pensa, é aberto ao ser, pelo qual "no ser humano domina um pertencer ao ser" (ID, p. 37).

Todavia, esse copertencer não é da ordem representativa, como se o homem tivesse uma representação do *ser* e devesse, então, verificar se esta é adequada à coisa mesma. Ao contrário, o ser é a abertura em que já somos, pelo qual "o próprio ser pertence a nós, porque somente junto a nós pode ser essencialmente enquanto ser; pode ser essencialmente presente" (ID, p. 39).

Dada essa copertença originária nós somos levados a considerar a abertura de sentido, a partir da qual pensamos e o modo como o ser nela se desvela nessa como um fundamento. Isso vale também para aquele tipo de abertura que caracteriza a nossa época:

a época da técnica sem dobras. Aqui, como já vimos, a verdade do *ser* se abre como imposição ou como implante. A técnica não é a máquina ou algo que está diante de nós, mas o horizonte de sentido em que nos movemos: "O implante não nos preocupa mais como algo presente" (ID, p. 43).

A técnica é um horizonte de sentido em cujo interior tudo deve ser calculável e funcional, e onde a distinção entre o que é e não é sensato vem traçado a partir do que é *funcional para a implantação*. Isso determina uma concessão da linguagem, da natureza, da política e da história, que se impõe como óbvia e sem saída. Pensar a identidade como diferença significa pular fora dessa abertura, dar um passo para trás, rememorando o que pode ser e perguntando-se:

> *Onde está decidido que a natureza, como tal, deva permanecer por todo o futuro como natureza da física moderna, e que a história deva se apresentar apenas como objeto da historiografia?.* (ID, p. 50).

Vivemos no interior de uma abertura de sentido que tende a absolutizar a si mesma, apresentado como ser e fundamento o que é apenas uma abertura histórico-epocal, e isso nos leva a pensar o ser como presença e fundamento. Dar um passo para trás significa, ao contrário, não se abandonar

> *à opinião que o mundo técnico seja tal que impeça um saltar para longe disso. Essa opinião considera a atualidade, pela qual tem obsessão, também como única realidade.* (ID, p. 50).

Por isso é preciso pensar, contemporaneamente, a identidade e a diferença entre o ser e o ente, pelo que "aquilo que agora é, é caracterizado pelo domínio da essência da técnica moderna" (ID, p. 66), mas isso é apenas um desvelamento do ser, que ao mesmo tempo se retrai, conservando e custodiando outras possibilidades.

Enquanto tal, a técnica ou a tecno-logia, é o cumprimento da metafísica em sua estrutura onto-teológica, cujo "ser do ente é representado no sentido do fundamento, fundamentalmente apenas como *causa sui*" (ID, p. 77). Dar um passo atrás da metafísica, à essência da metafísica, significa reconduzir a ideia do *ser* como fundamento a *uma* época do *ser*, a da metafísica. Esse é apenas um modo particular de como o ser se envia ao homem, porque "há o 'ser' cada vez mais nessa ou naquela caracterização de destino" (ID, p. 87).

Abandonar a instância onto-teo-lógica, a ideia do *ser* como fundamento e a própria ideia de *causa sui* não significa, todavia, abraçar o ateísmo. Ao contrário, o Deus como *causa sui* é um ser com o qual o homem não pode entrar em relação, porque:

> *A um deus semelhante o homem não pode dirigir orações nem oferecer sacrifícios. Diante da* causa sui *o homem não pode cair devotamente de joelhos, nem pode tocar e dançar. Consequentemente, o pensamento sem deus, que deve renunciar ao deus da filosofia – ou seja, ao deus como* causa sui *–, é talvez mais próximo do divino. E que, nesse caso, significa apenas: este pensamento é livre para tal*

> *Deus mais do que a onto-teo-lógica está disposta a admitir.* (ID, p. 95)

Portanto, para habitar a Terra, o homem deve aprender a custodiar a sua essência, proteger seu ambiente que é, antes de tudo, um ambiente linguístico, no qual o ser se fenomeniza.

21. *A caminho da linguagem (1959)*

Nessa direção, discutindo sobre *L'Origine dell'Opera D'Arte* e os ensaios sobre poesia, emerge que entre a poesia e o nosso ambiente há um nexo profundo, uma vez que a poesia abre o mundo no qual podemos habitar. Agora, devemos aprofundar esse tema considerando a relação entre linguagem e poesia, detendo-nos particularmente em um pequeno texto publicado no interior de *In Cammino Verso il Linguaggio*, um texto que tem como título próprio *Il Linguaggio*.

Em geral, o nexo entre poesia e linguagem apareceria nas primeiras manifestações e podemos entendê-lo assim: há a linguagem, que às vezes assume uma linguagem poética. Heidegger não a pensa assim. Mas para chegar a compreender o nexo que liga linguagem e poesia devemos compreender a relação existente entre homem e linguagem. Desse ponto de vista, uma coisa é certa: apenas o homem possui uma linguagem, fala, e na tradição filosófica essa capacidade foi considerada o que torna o homem, homem. Devemos, então, simplesmente nos dispor a estabelecer alguma pergunta sobre essa obviedade.

Desde o início fica claro em que direção Heidegger deseja inclinar sua reflexão. Não se trata de considerar a linguagem como um objeto a estudar, tornando-o um objeto do nosso saber, nem de descobrir alguma nova qualidade sua; trata-se, ao contrário, de perguntar-nos em que consiste nossa *experiência da linguagem*.

De resto, se estudamos a linguagem enquanto sistema informativo, ou seja, a partir de conceitos como "impostação que emite" e "impostação que recebe", essa direção da pesquisa já se nutre de uma certa experiência de linguagem. Essa se torna possível a partir de uma certa experiência de linguagem que é imposta, que pertence a um modo particular de experimentar a linguagem e a uma específica abertura de sentido que, nesse caso, é a técnica. Se a linguagem é tratada do ponto de vista da mera transmissão de informações, isso ocorre porque sob essa *concessão teorética* está presente uma certa *experiência* da linguagem: a sua *decadência a mera informação*.

Se seguirmos nessa direção diremos coisas corretas, isto é, conforme a uma certa abertura de sentido e a uma certa experiência de linguagem, mas poderia nos escapar a estrutura originária da experiência da linguagem. Para Heidegger não se trata, então, de descobrir algo de novo no objeto da linguagem, mas *de fazer uma outra experiência da linguagem, de encontrá-la*. Na linguagem objetivista da linguagem (por exemplo em glotologia, linguística etc.), nós tratamos a linguagem como um objeto, sem encontrá-la. É como se descrevêssemos uma pessoa, os seus olhos, os seus cabelos etc., mas sem nos relacionarmos com ela. Nesse caso, todas as nossas descrições seriam exatas, mas não teríamos capturado o ser daquela pessoa, que nos mostra apenas se entramos com ela em viva relação. E a ser perseguido é o próprio ser da linguagem.

Para encontrar a linguagem e compreender seu significado originário devemos, então, sustentar uma situação na qual a linguagem esteja presente em toda a sua pureza, e não reduzida a mero instrumento informativo, a *conversa insignificante*; isso acontece na poesia. Aqui a função informativa é suspensa, emergindo o falar da linguagem. Isto é, *façamos experiência da linguagem, sintamos o seu poder sobre nós, o seu transformar-se e transpor-se em um outro mundo*. E, naturalmente, se alguém dissesse não experimentar nada de similar, certamente teria razão: encontrarmos ou não a linguagem, depende da pura factualidade, e tudo quanto possamos dizer do e sobre a linguagem depende da experiência efetiva que dela fazemos.

Para desenvolver melhor esse tema e compreender o que acontece na experiência da linguagem, Heidegger se dispõe a comentar uma poesia de Georg Trakl, cujo título é *Uma noite de inverno*:

> Quando a neve cai na janela,
> ressoa longamente o sino da noite,
> para muitos a mesa está pronta
> e a casa está toda em ordem.

Alguns no seu errar
alcançam a porta por trilhas obscuras.
Áurea floresce a árvore das graças
da fresca seiva da terra.

Silencioso entra o viajante;
a dor petrificou a entrada.
Lá resplandecem em pura luz
o pão e o vinho sobre a mesa.

O que a poesia descreve não é uma cena real, presente, passada ou futura. Ora, o que acontece na linguagem que é esta poesia? O que acontece quando há uma poesia? Heidegger escreve: "O nomear não distribui nomes, não aplica palavras, mas chama na palavra" (CVL, p. 34).

Então, em primeiro lugar, quando usamos uma palavra, quando nomeamos, não indicamos alguma coisa, mas chamamos alguma coisa, a manifestamos. Mas o que é chamado na poesia não é a casa, a entrada, a neve. Por meio dessas palavras que aludem a coisas, na poesia chama-se que "permanece como o ainda ausente" (CVL, p. 34).

Devemos então nos perguntar o que, na poesia, nos alcança por meio da neve, do som do sino, da mesa posta. E, então, o que se manifesta na palavra poética. E, dessa vez, a resposta de Heidegger é suficientemente clara:

> O chamar é um convidar. É convite para as coisas serem verdadeiramente tais para o homem. A queda da neve leva os homens sob o céu que escurece penetrando na noite. O soar do sino da noite coloca-nos

> *como mortais diante do Divino. Casa e mesa vinculam os mortais à terra. As coisas que a poesia denomina, de determinado modo chamadas, reúnem a si céu e terra, os mortais e os divinos. Os quatro constituem, do aspecto relacionar-se, uma unidade originária. As coisas mantêm perto de si o quadrado das quatro. Neste reunir e manter, consiste o ser coisa das coisas. Ao quadrado unitário de céu e terra, mortais e divinos, imanente à essência das coisas enquanto coisas, nós chamamos mundo. A poesia, denominando as coisas, denomina a sua essência. Essas, no seu operar como coisas desdobram o mundo: elas estão no mundo e nesse estar no mundo está a sua realidade e duração.* (CVL, p. 35)

Trata-se de uma citação bastante longa, mas, de fato, nela está condensado o sentido das páginas de Heidegger. Aqui está desenvolvida uma nova noção formal que já havia surgido na conferência de *A coisa* (de 1950). O mundo enquanto unidade de quatro elementos: *céu, terra, mortais e divinos*, o que na dita conferência é chamado a "Quadratura" (*Geviert*). Quando esses elementos formam constelação entre si, um mundo se abre, e uma abertura unitária de sentido se torna disponível para o homem.

Em seu interior, ele pode imaginar, sentir, desenvolver emoções. Mas, a imaginação e as emoções são guiadas por essa abertura de sentido, muito difícil de definir, e da qual não há nada de mais concreto e de dado à nossa experiência. Cada coisa, conforme Heidegger, adquire o seu sentido quando está consignada a um mundo, "a partir do qual se manifesta"

(CVL, p. 35, tradução italiana modificada). Então, o que aparece na poesia é o mundo, porque "as coisas visitam os mortais sempre e apenas junto com o mundo" (CVL, p. 35). A casa, a neve que cai, o som dos sinos, são apenas no interior de um certo mundo, isto é, de um certo modo de entender e sentir a morte, o céu, a presença do Divino. Mas sentir as coisas como constituídas, em sua essência, pelo mundo em cujo interior aparecem, significa habitar o mundo, "permanecer": "O mundo concede às coisas a sua essência. As coisas fazem o mundo ser. O mundo possibilita (*gönt*) as coisas" (CVL, p. 37).

Há uma relação recíproca entre as coisas e o mundo. Sem as coisas o mundo não poderia ser chamado e não poderia aparecer, e sem o mundo as coisas não seriam aquelas que são. Em que sentido essa estranha relação possa ser compreendida talvez entendamos se nos detivermos sobre o passo que Heidegger toma para ilustrar a relação entre coisas e mundo:

> Quando a neve cai na janela,
> ressoa longamente o sino da noite,
> para muitos a mesa está pronta
> e a casa está toda em ordem.

As coisas adquirem sentido a partir do mundo que transparece por meio delas e que as sustenta. Existe uma casa que protege do frio e da neve, que acolhe e custodia os mortais, uma mesa posta, e tudo isso está inserido em um contexto, em uma vila, entre outras casas, todas mantidas junto da igreja e do campo, que não apenas unem as casas da vila, mas unem os mortais aos divinos, o tempo dos mortais e o tempo de Deus. É essa unidade de sentido, é esse mundo que transparece daquelas imagens e as *sustenta*.

Essa unidade de sentido não se mostra em nada particular, mas é o halo ou o horizonte de sentido que o faz aparecer em sua essência. Fora daquele mundo o som do sino não significa mais nada e não se liga em unidade de sentido com os outros três elementos. E, todavia, *aquele mundo não é outro senão aquelas imagens*. Ele só pode se manifestar por meio delas.

Por isso Heidegger diz que "as coisas fazem ser (acontecer) o mundo". Sem aquelas imagens o mundo seria apenas um "pensamento abstrato", não um mundo experimentado. Insistir na copertença entre coisas e mundo significa insistir na estética estrutural do aparecer de um mundo. "Mundo e coisas não são realidades que estão uma junto a outra; eles se interpenetram" (CVL, p. 37).

Mas não se fundem. Entre eles permanece uma diferença, uma rejeição. *O mundo não é as coisas*, tanto é verdade que as coisas podem permanecer e o mundo desaparecer. E as coisas *não são* o mundo, pois podem permanecer como meras coisas, nas quais nada transparece. Entretanto, essa diferença ou rejeição é, porém, condição do surgimento de ambos:

> *A diferença entre mundo e coisa faz que as coisas se façam evento (ereingnet Dinge), como aquelas que geram (in das Gebärden von Welt) faz que o mundo aconteça como aquele que consente as coisas.* (CVL, pp. 37-38, tradução do italiano modificada)

Isso é o que acontece na palavra poética, em uma simples poesia como aquela à qual acenamos brevemente. Daqui, Heidegger pode tomar os movimentos para esclarecer a essência da linguagem e a ideia segundo a qual não são os homens a falar, mas, em primeiro lugar, a linguagem:

> *O chamar é a essência do falar. Na palavra da poesia se desenrola* (west) *o falar. Esse é o falar da linguagem. A linguagem fala. Fala dizendo àquele que chama, coisa-mundo e mundo-coisa, que venha no meio da di-ferença.* (CVL, p. 40)

Na palavra se dá a interpenetração de mundo e coisa, acontece o aparecer da coisa enquanto dotada, para nós, de um sentido cósmico. A coisa é inserida em um cosmo aberto e tem um significado preciso. Então, eleva a coisa "àquilo que é próprio dela: parar o mundo junto de si" (CVL, p. 40).

A partir de um mundo a coisa adquire sentido. Qualquer coisa, inclusive os nossos gestos, os eventos da nossa vida etc., adquirem sentido no interior do desenvolver-se de um mundo por meio da linguagem. O homem é homem enquanto é gerado pelo evento da linguagem: o acontecer da diferença, isto é, do surgir da coisa à luz de um mundo e vice-versa, abre a possibilidade de sermos homens, *se homem significa: um ser que compreende a coisa à luz de um mundo.*

Por isso Heidegger diz que: "Pela força de tal futuro, o homem, no ato que é da língua levado a si mesmo, à sua essência, continua a pertencer à essência da linguagem" (CVL, p. 41). Nós falamos apenas enquanto nos colocamos nessa diferença entre coisa e mundo, isto é, enquanto nos dispomos a colher o mundo nas coisas, no movimento de transcendência que conecta a coisa a uma unidade de sentido. E isso acontece quando, denominando as coisas, chamamos o mundo a aparecer, isto é, uma unidade de sentido:

> *O falar dos mortais é denominado chamar, é convidado às coisas e ao mundo a fazer-se próximo, movendo da simplicidade à di-ferença. A palavra pura do falar mortal é a palavra da poesia. A autêntica poesia não é nunca um modo mais elevado da língua cotidiana. Antes o contrário: o falar cotidiano é uma poesia esquecida e enfraquecida, na qual agora mal é possível perceber o som de um autêntico chamar.* (CVL, p. 42)

A linguagem é, portanto, essencialmente poesia, um dizer que chama e faz aparecer as coisas à luz do mundo. O que não quer dizer que a nossa experiência de linguagem seja sempre essa. Ao contrário, pode ser que tenha mais a ver com palavras inócuas, que nada mais representam.

Por isso, no *Il Detto di Anassimandro* (1946), Heidegger tinha atraído a atenção para o significado desta tradução, porque na passagem de uma para outra língua se entra em um pensamento do *ser* em um mundo totalmente diverso. Então, como ocorreu na passagem do *ser* como *enérgeia* ao ser *actualitas*. Portanto, do *ser* como o uno que une ao ser como realidade atual e como objetividade que, por sua vez, implica na transformação do homem em mero expectador. Assim, a metafísica moderna é o primado da técnica. Por isso, o cuidado com a linguagem coincide com o cuidado do *ser*.

III. Categorias--chave

Angústia (*Angst*): a angústia é a condição da possibilidade do vir do nada. Ela não tem um objeto específico, correlacionado intencionalmente. O mundo, enquanto tal, na angústia se aprofunda no nada em sua totalidade, porque na angústia nenhuma possibilidade de ação interpela mais o sujeito. Nessa anulação de toda possibilidade o *ser-aí* experimenta o nada em carne e osso.

Autenticidade (*Eigentlichkeit*), inautenticidade (*Ongentlichkeit*): o termo alemão exprime um voltar-se muito claro para o próprio (*eigen*); do mesmo modo, a inautenticidade indica um ser distante da própria possibilidade e, portanto, da própria existência. A existência autêntica é aquela que se apropriou de si mesma e se instalou nas próprias possibilidades.

Compreensão (*Verstehen*): ela tem a mesma origem da emoção e do discurso. A compreensão consiste em saber para que serve um instrumento. A compreensão não é uma organização conceitual que envolve os objetos, mas uma relação prática com os instrumentos como convém ao *ser-aí*, que é um *ser no mundo*.

Conversas insignificantes (*Gerede*): a conversa insignificante é um tornar o discurso insensato. Por meio da repetição e, na falta de uma reativação do sentido originário, as palavras podem ser usadas sem comunicar nada e, portanto, o seu poder de descoberta, tornando-se insignificantes um discurso insignificante, pelo qual nada se comunica.

Cuidado (*Sorge*): o cuidado indica em *Ser e tempo* a determinação unitária do *ser-aí* e, portanto, alude à dimensão temporal em sua totalidade.

Destino: (*Geschick*): com esse termo, Heidegger não indica o fato, mas aquilo que é enviado. Nesse sentido, Heidegger fala de um destino do *ser*, que é o ser que se dirige ao homem para que este possa responder e constituir-se como aquele que responde.

Discurso (*Rede*): o discurso tem uma função manifestadora, porque leva a descobrir o ser das coisas e, portanto, às possibilidades de existência.

Existencial (*Existential*): existencial alude às estruturas que fazem parte da existência enquanto tal, antes do fracionamento, nas concretas e específicas existências. Assim, estruturas como a compreensão, o ser emotivamente situado, o discurso pertence à essência porque constitui a própria existência e sem ela não se poderia falar de existência nem do *ser-aí*. Nesse sentido, o essencial indica as estruturas ontológicas do *ser-aí*.

Existente (*Esistentiell*): diferentemente de existencial, o existente indica a situação particular em que se encontra uma particular e específica existência. Assim, se o ser emotivamente situado pertence à constituição existencial do *ser-aí*, o fato de ser depressivo em vez de alegre é um fato existencial, característico de uma particular existência em uma situação específica.

Evento (*Ereignes*): o termo "evento" indica o acontecer de algo inesperado, que faz que o homem e o ser possam encontrar o desenrolar da própria essência.

Implante, imposição (*Gestell*): este termo indica a existência da técnica, ou seja, o conjunto de exigências estruturais que ela impõe e que estrutura o ente a partir de uma precisa vontade de domínio que não deixa o ente em seu ser.

Mundo (*Welt*): mundo indica a totalidade das demandas no interior da qual cada ente em particular se torna compreensível em seu próprio ser. Assim, para compreender o ser da lousa, deve-se antes ter compreendido o ser do giz, dos estudantes, da escrita etc. e, portanto, a totalidade dos conteúdos que se organizam em torno da coisa em particular. Quem não compreende esses conteúdos não pode compreender nem mesmo o sentido do ente em particular.

Resolução (*Entschlossenheit*): é o ato por meio do qual o *ser-aí* se instala na própria existência e isso ocorre no átimo autêntico da decisão.

Se (*Man*): o *Se* indica um poder anônimo que domina a vida cotidiana, nivelando as possibilidades específicas de cada *ser-aí* singular; porque no *Se* os singulares existires se comportam como "nós nos comportamos", falam como "se fala" etc. Desse modo, emerge uma mediação indistinta, os traços individuais esvanecem e se afirma uma existência inautêntica que não se apropria das possibilidades específicas.

Sentido (*Sinn*): cada coisa se manifesta como um sentido. E o sentido se manifesta no interior de um projeto, no interior do qual ele se torna disponível pela sua compreensão, pelo qual representa a estrutura formal-existencial da abertura própria da compreensão; um aspecto existencial do *ser-aí* e não uma propriedade inerente ao ente ou que lhe esteja atrás.

Sentido do ser (*Seinssinn*): estabelecer a questão do sentido do *ser* significa para Heidegger "pôr em questão o ser mesmo nos limites de sua compreensão da parte do *ser-aí*". Esse sentido do *ser* se revela ser o tempo. Como Heidegger mesmo escreve em *Ser e tempo*, " 'ser' não é algo que diga respeito a 'tempo', porque o 'tempo' é indicado como o nome da verdade do *ser*, aquela verdade que é aquilo que revela a essência do *ser* e é por isso o ser mesmo".

Ser-aí (*Dasein*): com o termo "*ser-aí*", Heidegger indica o lugar em que o ser mesmo se revela. Usando esse termo em vez do "sujeito" ou de "consciência", Heidegger quer indicar que a abertura do sentido é um mostrar-se do *ser* e não uma construção do sujeito. O homem é um *ser-aí*, porque se encontra já e desde sempre internamente provocado por possibilidades e por uma pré-compreensão que não escolheu e em cujo interior deve mover-se.

Situação emotiva (*Befindlichkeit*): a situação emotiva, com a situação do discurso, junto com a compreensão e ao discurso, constitui uma das três aberturas originais do *ser-aí*. Ela é o elemento que se encontra já no interior de um modo de sentir o mundo, uma vez que a compreensão provém a partir e dentro de uma situação emotiva.

Tonalidade emotiva (*Stimmung*): a tonalidade emotiva é um modo no qual o *ser-aí* é entoado ou acordado com o acontecimento, indicando a abertura emocional do *ser-aí*.

Transcendência (*Transzendenz*): a noção de transcendência do *ser-aí* substitui ou reinterpreta a noção de intencionalidade. Enquanto na sua origem husserliana a intencionalidade indica o movimento e a direção da consciência por meio do objeto, para Heidegger "aquilo 'por meio do qual' o objeto enquanto sujeito transcende não é um objeto, não é de algum modo este ou aquele ente, se trata de uma determinada coisa ou de algo similar ou de outro ser vivente. O objeto, o ente que pode ter o caráter de encontro é aquele que supera, não por meio do qual o sujeito transcende. Aquele por meio do qual o sujeito transcende é o que chamamos de mundo".

Utilizabilidade (*Zuhandenheit*): Heidegger chama as coisas utilizáveis para indicar que a nossa aproximação primária do mundo é de tipo prático e encontrar e compreender um ente significa saber para que serve. Essa aproximação prática é mais originária da percepção. Por exemplo, apenas manejando um objeto danificado podemos perceber o seu ser danificado, isto é, a sua essência. Portanto, a utilidade/visibilidade se opõe à simples presença (*Vorhandenheit*), ou seja, às coisas como se apresentam a um olhar teórico que as priva de seu mundo.

IV.
História da recessão

O pensamento de Heidegger deu origem a múltiplas interpretações e possibilitou o desenvolvimento de algumas das mais importantes correntes de pensamento contemporâneo do existencialismo à hermenêutica e ao desconstrutivismo. Pensadores decisivos como Sartre, Merleau-Ponty, Hannah Arendt, Emmanuel Levinas, Jacques Derrida, Hans-George Gadamer, Paul Ricoeur e tantos outros se inspiraram nele, desenvolvendo aspectos diversos do seu pensamento e muitas vezes dirigindo-se a perspectivas contrastantes e opostas.

Mas, o trabalho de interpretação dos seus textos e do significado de sua filosofia também permanece controverso e não há quase um só ponto no qual não seja possível encontrar interpretações contrapostas, inclusive nos próprios passos heideggerianos.

Por outro lado, no plano da discussão filosófica geral, o pensamento de Heidegger esteve e permanece no centro dos acessos às tomadas de posição, frequentemente críticas, indicando aspectos perigosos, obscuros, que merecem ser submetidos à crítica. Apresentando aqui a história da recessão, buscaremos brevemente esclarecer, antes de tudo, as principais tendências a que o pensamento de Heidegger deu origem. Enfatizando três em particular: o existencialismo, a hermenêutica e o desconstrutivismo. Em segundo lugar apresenta-remos algumas das principais posições crítico-interpretativas do pensamento de Heidegger e, finalmente, algumas controvérsias interpretativas enfatizando uma série de pontos particularmente sensíveis.

1. As correntes às quais Heidegger mais se dedicou

O existencialismo

Ser e tempo é, inicialmente, interpretado como um texto "existencialista", como uma descrição da existência, da "realidade-humana". Nesse sentido, a relação entre *ser-aí* e ser é interpretada por Sartre no sentido que

> a consciência não é produzida como exemplo particular de uma possibilidade abstrata, ao contrário, jorrando do seio do ser, cria e sustenta a sua essência, sintetizando as suas possibilidades.[8]

Nessa base, Sartre reprovou Heidegger por ter positivado o nada que deve ser entendido a partir da negação que atravessa a existência humana. As determinações positivas do *Dasein* devem ser entendidas na realidade como negações, uma vez que o *ser-aí* está no mundo e que sejam as próprias possibilidades significa que o

---

8 SARTRE, J.-P. *L'Essere e il Nulla*, tradução do francês de G. Del Bo, NET, Milão, 2002, p. 21.

> Dasein *'não é' em si, 'não é' respeito a si mesmo em uma imediata aproximação e 'supera' o mundo enquanto se põe como um não existente em si* e como *não-existente o mundo.*[9]

No pensamento de Merleau-Ponty, está sem dúvida presente a influência de Heidegger, principalmente na ideia de que o sujeito é inerente ao mundo, é ao mundo, mas para o filósofo francês esse tema é deixado de lado pela ênfase no tema da corporeidade. A subjetividade não deve ser entendida como uma consciência desencarnada e fora de contexto, mas como uma existência, numa autêntica fenomenologia transcendental, "*cogito* deve descobrir-me na situação".[10] O mundo não é, então, algo que se possa atingir por meio da reflexão, mas a situação inicial e irrefletida na qual cada sujeito se encontra, mesmo antes de se dar conta de que a consciência não deve alcançar o mundo lançando uma ponte, porque "a consciência alcança a coisa através do corpo".[11] É a partir da centralidade do corpo que Merleau-Ponty busca fazer uma releitura da noção de subjetividade e de existência. Na tradição cartesiana

> *o termo "existir" tem apenas dois significados: se existe como coisa ou se existe como consciência, por conta, a experiência do próprio corpo nos revela um modo de existência ambíguo.*[12]

---

9 *Ibid.*, p. 53.
10 MERLEAU-PONTY, M. *Fenomenologia dela Percepzione*, traduzido do italiano por A. Bonomi, Il Saggiatore, Milão, 1980, p. 21.
11 *Ibid.*, p. 194.
12 *Ibid.*, p. 271.

O corpo não é nem simples coisa nem consciência abstrata, isolada do mundo, mas um elemento an-árquico, porque por meio dele *o sujeito habita o mundo*. Assim, quando nós sentimos algo, não temos uma sensação pura, mas experimentamos um significado para nós e para o nosso corpo.[13]

O pensamento de Heidegger teve influência determinante em Emmanuel Levinas que a ele se refere desde 1932, observando que na filosofia do pensador alemão "a compreensão do *ser* é a característica e o fato fundamental da existência humana".[14] Levinas lança uma questão que pretende desviar a interrogação heideggeriana: "Mas a relação do homem com o ser é unicamente ontológica?".[15] Se para Heidegger a questão é sempre o reinar (*walten*) do *ser* ou o não deixar ser o dominar do *ser*, Levinas se pergunta se não seria possível escapar da estrutura desta ontologia:

> *Enquanto criatura ou ser sexuado, a única relação que o homem mantém é a de uma potência sobre ele ou de uma escravidão, de atividade ou de passividade?*[16]

A questão é que Heidegger, a partir do domínio do *ser* sobre a existência, acaba negando a alteridade

---

13 *Ibid.*, p. 95.

14 LEVINAS, E., HEIDEGGER, M. L'Ontologia. Em: *Scoprire L'Esistenza con Husserl e Heidegger*, traduzido para o italiano por F. Sossi, Raffaello Cortina, Milão, 1998, p. 64.

15 LEVINAS, E. Dalla Descrizione All'esistenza. Em: *Scoprire L'Esistenza*, cit., p. 121.

16 *Ibid.*, p. 122.

e a unicidade entes em particular, dando vantagem a algo sem vulto e neutro, o que Heidegger chama de *Ser*. De fato, observa Levinas em *Ser e tempo:* "É um neutro que guia o pensamento e os seres", e "a ontologia Heideggeriana subordina a relação com o Outro à relação com aquele Neutro que é o Ser".[17]

A hermenêutica

Depois da primeira retração de natureza existencialista, a partir dos anos 1960 desenvolveu-se uma recessão de caráter hermenêutico, sobretudo após a provocação causada pela publicação de *Verdade e método*, de Hans-Georg Gadamer. Dessa prospectiva, Heidegger teve o mérito de colocar as bases para que o conceito de compreensão não fosse entendido como conceito metodológico, mas como modo original de *ser no mundo*. Particularmente, Heidegger retoma a noção de círculo hermenêutico.

> *Que a estrutura do* ser-aí *seja igual à do projeto lançado e o* ser-aí *se concretize no modo de compreender são teses que devem valer também para compreender o que acontece nas ciências do Espírito.*[18]

Esses temas encontram vasto desenvolvimento na obra de Paul Ricouer, que reconhece que Heidegger lançou as bases para uma superação entre sujeito–objeto

---

17   LEVINAS, E. Filosofia e l'Idea di Infinito. Em: *Scoprire L'Esistenza*, cit. p. 195.
18   GADAMER, H.-G. *Verità e Método*, traduzido para o italiano por G. Vattimo, Bompiani, Milão, 1994, p. 211.

e de ter captado "uma relação entre ser histórico e a totalidade do Ser".[19] Isso diz respeito também à compreensão de si, que não pode ser um conhecimento imediato, mas a caminhada de um ser que se compreende existindo. No entanto, para Ricouer, à diferença de Heidegger, essa compreensão deve passar por meio dos sinais, porque,

> compreender o mundo dos sinais é um meio para compreender a si mesmo: o universo simbólico é o lugar do autoconhecimento. Na verdade, não haveria mais problemas de sentido se os sinais não fossem o meio, o lugar, o mediador graças ao qual um existente humano busca situar-se, projetar-se, compreender-se.[20]

O desconstrucionismo

Sem dúvida, Heidegger teve grande influência no pensamento de Jacques Derrida, principalmente ao levantar as questões que o guiaram. Entretanto, em alguns pontos essenciais, Derrida se distancia de Heidegger, principalmente porque a noção de diferença (*différence*) é, segundo o pai do desconstrucionismo, mais originária que a diferença ontológica. De fato, se Heidegger distingue natureza de história, insistindo no fato que apenas o homem tem história, segundo Derrida na ideia do traçado estabelecido "está toda a história, a partir do que a metafísica

---

19 RICOUER, P. *O conflito das interpretações*, traduzido para o italiano por R. Balzarotti e outros, Jaca Book, Milão, 1995, p. 21.
20 *Ibid.*, p. 279.

determinou como o 'não vivente' até a 'consciência', passando por todos os níveis da organização animal".[21]

O traçado, e então, a necessidade que o passado se estruture a partir da antecipação, implica que *o sistema regulado de diferenças esteja presente em cada nível do ser*, porque o traçado "articula as suas possibilidades em todo o campo do ente".[22]

Essa estrutura diferencial não diz respeito apenas ao manifestar-se, que é sempre um manifestar--se para um sujeito, mas o próprio ser, a própria vida, mesmo assim a distinção entre ser e aparecer é uma oposição segunda e derivada, que articula de modo diferente e em dois planos diferentes (o "ontológico" e o "transcendental") a mesma condição de possibilidade que Derrida não hesita em definir ultratranscendental, pois o diferir é "a possibilidade pura e a própria essência do *ser* em manifestação".[23] A di-ferença é mais originária da diferença ontológica, da linguagem, da manifestação e do discurso humano. Derrida o observa com clareza: "Não apenas existe, existe di-ferença (e isso não espera a linguagem humana e a língua do *ser*, mas apenas a marca e o traçado divisível)".[24]

---

21 DERRIDA, J. *Della Grammatologia*, tradução para o italiano de R. Balzarotti e outros, Jaca Book, Milão, 1989, p. 52.
22 *Ibid.*,
23 DERRIDA, J. *Introduzione a "L'Origine dela Geometria" di Husserl*, tradução para o italiano de C. Di Martino, Jaca, Book, Milão, 1987, p. 213.
24 DERRIDA, J. *La Carte Postale. De Socrate a Froid et au Delà*, Flammarion, Paris, 1980, p. 71.

Isso implica na necessidade de abandonar, *em um certo nível*, a distinção entre natureza e cultura, ao menos na medida em que ela encontra seu fundamento na distinção entre natureza e convenção, caracterizando, consequentemente, a história humana como âmbito do arbitrário e do imotivado.[25] De fato, é a diferença entre arbitrário e imotivado que a noção de traçado estabelecido faz vacilar, dado que a diferença entre arbitrário e natural assume sentido apenas no interior de um sistema de diferença, assim, a produção de diferenças (o traçado estabelecido) precede a distinção entre natureza e cultura. Dizendo com simplicidade: ela se apresenta nos sistemas biológicos, como nos sistemas sociais, culturais e, em geral, "históricos".

Em ambos os níveis, cada elemento do sistema (biológico, cibernético, social, histórico, linguístico) adquire o seu sentido e a sua característica ontológica apenas se *inscrevendo* no interior de um sistema diferenciado. Em cada nível do ser um "elemento" é aquilo que é apenas a partir de uma estrutura de reenvio e de uma estrutura de retenção e extensão que produz o próprio sistema. Portanto, em outros contextos a marca assumirá novo sentido e novos efeitos sistêmicos e estruturais, também esses abertos. À pergunta "o que é?", podemos agora talvez responder assim: "Nada, a não ser um indefinido diferir-se do sentido".

---

25 DERRIDA, J. *Della Gramatologia*, cit., p. 37.

2. As críticas a Heidegger

A questão do sentido do *ser*

Uma crítica radical nos confrontos de Heidegger encontra-se na impostação de Rudolf Carnap, que a desenvolve por meio de uma leitura destrutiva de *O que é metafísica?*, em um escrito com o significativo título *A superação da metafísica através da análise lógica da linguagem* (1932). A ideia de Carnap é que a análise lógica da linguagem mostra que as proposições da metafísica (e a de Heidegger é, em sua opinião, uma metafísica) mostram-se completamente desprovidas de sentido. Particularmente, o termo que Heidegger utiliza (o nada) quando diz "o nada mesmo nada" é uma proposição desprovida de sentido que se revela tal à análise lógica da linguagem, assim "os metafísicos não passam de musicistas sem capacidade musical".[26]

Uma outra frente de oposição encontra a filosofia de Heidegger na impostação de Theodor Wiesengrund Adorno, que o reprovará por esconder o emaranhado real no qual os sujeitos se encontram no interior da sociedade contemporânea, assim: "A ontologia e a filosofia do *ser* são modos de reagir – junto a outros mais ásperos – nos quais espera livrar a consciência do engano".[27] Além disso, o discurso heideggeriano

---

26 CARNAP, R. Il Superamento dela Metafisica Mediante L'Analisi Logica del Linguaggio, em: Vv. Aa. *Il Neoempirismo*, aos cuidados de A. Pasquinelli, UTET, Turim, 1969, p. 531.
27 ADORNO, T.W. *Dialettica Negativa*, traduzido do italiano por C.A. Donolo, Einaudi, Turim, 1980, p. 59.

se evade a uma discussão racional: "Dado que o ser não é nem conceito nem fato, é isento de crítica. Em qualquer ponto que sejam exercitados, podem ser rejeitados como mal-entendidos".[28]

Mesmo um aluno de Heidegger como Karl Löwith chamou a atenção para o caráter sempre mais impenetrável e obscuro da noção de ser, principalmente no segundo Heidegger, e esclareceu a atração religiosa subjacente e a tendência a agarrar--se em algo estável, assim o caráter de evento do *ser* parece aludir a um caminho na direção do eterno. De fato, observa Löwith:

> Sein und Zeit *aparentemente eliminou a questão da verdade eterna. Na realidade, Heidegger a re-propôs cumprindo uma conversão que faz o seu pensamento passar da temporalidade finita do* ser-aí *para um tempo permanente do ser e da origem. O implante existencial-temporal de* Sein und Zeit *é, assim, "superado".*[29]

A questão da animalidade

A respeito da nítida distinção heideggeriana entre o homem, que é um Ser, e os animais, foram levantadas múltiplas objeções. Poderia ser dito que os animais também têm um mundo. Por exemplo, *há macacos que fabricam instrumentos*, e que

---

28   *Ibid.*, p. 67.
29   LÖWITH, K. *Saggi su Heidegger*, tradução para o italiano de C. Cases e A. Mazzone, Einaudi, Turim, 1974, p. 40.

transmitem hábitos; há grupos de macacos geneticamente idênticos, mas que, separados por um rio, desenvolveram hábitos extremamente distintos. E isso pareceria dever constranger-nos a falar de "mundo" e de significados também a seu respeito. Nos macacos antropomórficos encontramos estratégias de embuste que levam a supor não apenas a presença de crenças, *mas também a capacidade de atribuir crenças aos demais viventes*, e de considerar sistemas intencionais. Então, se tomamos animais como os delfins, os gorilas ou chimpanzés, pareceria – objetou Alasdair MacIntyre:

> *Um "tipo de animal não humano ignorado por Heidegger", capaz de discriminar particularidades, reconhecer indivíduos, observar a ausências deles, saudar o retorno destes, e responder-lhes* como *alimento ou fonte de alimento,* como *companheiros ou matéria de jogo,* como *algo a que se deve obediência ou do que recebe proteção e assim por diante.*[30]

Então, aberto ao en-quanto e ao ser do ente.

Um ponto observado também por Derrida, conforme o qual a incapacidade do animal

> *de indicar pelo nome não é simplesmente linguística; é, antes, uma incapacidade de falar do fenômeno, uma incapacidade* fenomenológica; *de fato, a fenomenalidade enquanto tal e* enquanto

---

30 MACINTYRE, A. *Animali Razionali Dipendenti. Perché gli Uomini hanno Bisogno delle Virtù*, tradução do italiano de M. D'Avenia, Vita e Pensiero, Milão, 2001. p. 48.

tal *mesmo não se dão ao animal, ao qual o ser do ente não se revela.*[31]

Daqui uma crítica radical ao privilégio acordado por Heidegger ao homem e a sua ideia de que o animal é pobre de mundo:

> *Dogmático na forma, esse enunciado tradicional pressupõe um saber empírico ou positivo cujos títulos, provas e marcas não são aqui demonstrados. Como a maior parte daqueles que falam da animalidade de filósofos e de pessoas de bom senso, Heidegger não tem grande consideração por um dado "saber zoológico" que se acumula, se diferencia e se afina em torno do que é agrupado sob o termo genérico e confuso de animalidade.*[32]

Em particular, à tentativa heideggeriana de indicar um limite absoluto entre o vivente e o *Dasein* humano, Derrida contrapõe a ideia segundo a qual entre homem e animal não há oposição, apenas diferença.

A acusação de pragmatismo

Outra crítica diz respeito ao presumido "pragmatismo" de Heidegger. Esta emerge da primeiríssima recepção de Heidegger no mundo anglo-saxão de Gilbert Ryle que em sua recensão de *Ser e tempo* observava:

---

31   DERRIDA, J. *Dello Spirito. Heidegger e la Questione*, tradução do-mitaliano de G. Zaccaria, Feltrinelli, Milão, 1989, p. 58.
32   DERRIDA, J. La Mano di Heidegger. Em: *Invenzioni Dell'Altro*, tradução para o italiano de R. Balzarotti, Jaca Book, Milão, 2009, vol. 2, pp. 54-55.

> A tentativa de derivar nosso conhecimento das "coisas" da nossa atitude prática em relação aos instrumentos está destinada a fracassar; porque utilizar um instrumento implica no conhecimento do que ele é, do que se pode fazer com ele.[33]

Uma questão para a qual Prauss também chama a atenção, segundo a qual a relação com a coisa deve ser prática em primeiro lugar, e apenas em um segundo momento teorético-cognoscitivo essa relação prática não pode acontecer às cegas.[34] Algum conhecimento deve ser pressuposto, e este parecia conduzir a dizer que:

> A tentativa de Heidegger de traçar uma nítida distinção entre a visão ambiental prática direta em direção da utilizável e o conhecimento teorético da subsistência (Vorhanden) falhe. Ao menos na medida em que pode se tornar verdadeira ou falsa, a versão ambiental prática já deve ser esse mesmo conhecimento teorético.[35]

Quando agimos, sabemos muitas coisas, e este saber precisa mostrar consistência, pois também se orienta no nosso agir prático no mundo.

Essa crítica do pragmatismo caracteriza também a impostação de Jürgen Habermas, segundo o qual "Heidegger explica um conceito do mundo que

---

33 RYLE, G. Heidegger's "Sein und Zeit". Em: *Mind*, 1928, p. 38, retomado agora em Collected Papers, Volume 1, Critical Essays, Thoemmes, Bristol, 1990, p. 212.
34 PRAUSS, G. Heidegger und die Praktische Philosophie. Em: *A. Gethmann-Sieffert*, O. Pögeller (eds.), Heidegger und die Praktische Philosophie, Suhrkamp, Frankfurt a. M., 1988, p. 179.
35 *Ibid.*, p. 181.

|174

se reconecta ao pragmatismo como um contexto de circunstâncias", assim, não é sequer necessário entrar em uma discussão das análises heideggerianas porque elas "não levam além do que foi elaborado no pragmatismo de Peirce a Mead e Dewey".[36] Portanto, Habermas contrapõe a aproximação científica de Husserl à aproximação poética de Heidegger.

Também segundo Rorty:

> *Ser e tempo está cheio de críticas nos confrontos da doutrina que Husserl divide com Descartes. A consideração esboçada neste livro da "consciência científica objetiva" como algo secundário, derivado do ser no mundo e do uso dos utensílios, está alinhada com a impostação baconiana de Dewey.*[37]

Em uma perspectiva decisivamente favorável a uma recondução ao pragmatismo da perspectiva heideggeriana se exprime também Carlo Sini, segundo o qual "a analítica existencial de Heidegger e a máxima pragmática de Peirce estão relacionadas".[38]

---

36 HABERMAS, J. *Il Discorso Filosófico dela Modernità*, tradução para o italiano de E. e E. Agazzi, Laterza, Roma-Bari, 1987, pp. 151-152.

37 RORTY, R. Phylosophy as Science, as Metaphor, and as Politcs. Em: *Essays on Heidegger an Others*. Philosophical Papers, vol. 2, Cambridge University Press, Cambridge, 1991, p. 11.

38 SINI, C. *Passarei I Segno. Semiotica, Cosmologia, Técnica*, il Saggiatore, Milano 1981, pp. 36-37.

O idealismo

Outra crítica é apresentada na acusação de idealismo mascarado. Uma crítica que se encontra, por exemplo, em Theodor Wiesengrund Adorno, segundo o qual:

> *A absoluta identidade que hoje é postulada por Heidegger na sua doutrina do ser também é um pensamento da identidade, ainda que não tenha consciência de si e, por isso, seja danosa; nessa doutrina afirma-se de forma mascarada o primado absoluto do sujeito, e assim a sua pretensão de ser algo diverso do idealismo deve ser necessariamente protestada.*[39]

3. Problemas de exegese dos textos heideggerianos

O conceito de mundo

Um dos temas sobre o qual focaram a crítica e as tentativas de interpretação dos textos de Heidegger é representado pelo conceito de "mundo". Eugen Fink interpreta esse conceito observando que, em Heidegger, o mundo

> *enquanto campo precedentemente desdobrado como compreensão do ser, não é uma determinação própria das coisas mesmas, mas a condição*

---

39 ADORNO, T.W. *Terminologia filosófica*, tradução para o italiano de A. Solmi, Einaudi, Torino, 1975, vol. I, p. 280.

> *preliminar subjetiva para que possamos mostrar e oferecer.*[40]

Assim, Fink escreve que em *Ser e tempo:*

> *O mundo compreendido existencialmente foi interpretado como um movimento primordial da formação do mundo, do tempo e do espaço; e à existência humana foram atribuídas características essenciais do próprio mundo [...]. Se pretende--se que o homem seja realmente o próprio mundo, a totalidade que faz vibrar o espaço e o tempo, o lugar no qual se forma o tempo e onde aparece tudo o que é, então se exige muito do homem.*[41]

Um ponto sobre o qual Mario Ruggenini também insistiu, segundo o qual *o mundo se abre no interior do ser-aí do homem.*[42] Em outros termos, poderíamos dizer, com clara intenção polêmica, que Heidegger alude ao fato que, "enquanto abertura do mundo o homem projeta o sentido das coisas".[43] Sobre essa base, Ruggenini pôde observar que:

> *A mundialidade do mundo se resolve em uma "determinação existencial do* Dasein*", porque isso apenas pode ter ou não sentido. Essa lógica implacável, inexoravelmente subjetivista, comporta então que a mesma* Seinsfrage, "enquanto faz questão do sentido do ser, não abra o Dasein para outro que na sua alteridade se lhe esquive",

---

40 FINK, E. *Il Gioco come Simbolo del Mondo*, tradução para o italiano de N. Antuono, Hopeful Monster, Florença, 1991, p. 42.

41 *Ibid.*, p. 45.

42 RUGGENINI, M. *I Fenomeni e le Parole. La Verità Finita Dell'Ermmeneutica*, Marietti, Genova, 1992, p. 21.

43 *Ibid.*, p. 174.

> *mas engula o próprio ser, como o mundo, no pro-
> jeto de si (no projeto de sentido) que constitui o
> Dasein como existência.*[44]

Seria um conferir sentido privado de delimitação. O ser humano, posto diante do nada do sentido, daria sentido à própria existência de modo totalmente livre e soberano. Flavio Cassinari também denunciou o peculiar "subjetivismo" de *Ser e tempo*, que derivaria, em sua opinião, da "escassez ontológica" do ente desigual ao *ser-aí*, em consequência de cujo *ser-aí* se veria colocado no centro da estrutura de atualização.[45]

Embora posta de modo matizado, essa interpretação subjetiva que acentua o momento da existência está presente na leitura de Duque, segundo o qual " 'o mundo' não é um complexo de coisas, mas uma estrutura de 'modos' (*Wie*) de "ser comigo mesmo", de realizar ou consumar os meus possíveis",[46] e também na de De Waelhens, segundo o qual "a interpretação do *ser* é uma construção e não a coleta de um dado".[47] Nesse sentido, segundo De Waelhens, "a interpretação cotidiana, em virtude da teoria geral, é a *projeção* de possibilidade característica desse modo de existência".[48] Em sua opinião,

---

44   *Ibid.*, p. 60.
45   CASSINARI, F. Mondo Esistenza Verità. *Ontologia Fondamentale e Cosmologia Fenomenológica nella Riflessione di Martin Heidegger* (1927-1930), La città del sole, Nápoles, 2001, p. 98ss.
46   DUQUE, F. Il Contratempo, E. Mazzarella (ed.), *Heidegger Oggi*, o Mulino, Bolonha, 1998, p. 181.
47   WAELHENS, A. de. *La Philosophie de Martin Heidegger*, Publicações Universitárias de Louvain, Louvain, 1969, p. 91.
48   *Ibid.*, p. 95.

quando utilizamos os objetos estes não se manifestam no seu "enquanto tal", mas o ser humano tem a possibilidade de parar na ação e

> evidenciar as fases da sua realização. Fazendo isso, o ferreiro explicita a bigorna como bigorna, o martelo como martelo. Cada explicitação (Auslegung) faz surgir este como, este enquanto (als), e é nisso que ela consiste.[49]

Segundo Jan Patočka, em Heidegger é o *Dasein* que projeta a possibilidade, e se as coisas eram assim, a posição heideggeriana deveria ser submetida a uma crítica radical: "Contra Heidegger: não há nenhum *projeto* primário de possibilidade – o mundo não é um produto da liberdade, *mas o que torna possível* uma liberdade finita".[50] Patočka destaca, contra o que é, em sua opinião, um latente idealismo e subjetivismo da impostação heideggeriana, que "não é *a compreensão* que sustenta as referências, mas a totalidade das referências que torna possível a compreensão".[51]

Ao contrário desse modo de entender as coisas, Alberto Rosales observou que "o projeto em sentido ôntico reflete o projeto do *ser* porque se fundamenta nele",[52] e Pol Vandevelde chamou a atenção para o fato que "o *Dasein* retalha seu próprio

---

49 *Ibid.,*
50 PATOCKA, J. *Vom Erscheinen als Solchem. Texte aus dem Nachlab*, Alber, Friburgo, 2000, p. 92.
51 *Ibid.*, p. 93.
52 ROSALES, A. *Transzendanz und Differenz. Ein Beitrag zum Problem der Ontologischen Differenz Beim Frühen Heidegger*, Nijhoff, Den Haag, 1970, p. 78.

projeto significante sobre uma significância já existente".[53] Nessa mesma linha move-se também Günther Neumann, segundo o qual "não é o projeto que faz emergir a abertura. O *ser-aí* encontra-se desde sempre na abertura do seu *ser no mundo*, isto é, jogado".[54]

Eugenio Mazzarella, reivindicando o papel e a importância da existência humana, destaca o momento do projeto humano como correspondência a uma abertura de sentido precedente e preliminar, na qual se dá o *ser*, para o qual:

> *A essência humana é a relação estática do ser em cuja base é posta a mais verdadeira dignidade do* ser homem. *A própria impostação do problema do sentido do ser centraliza-se e organiza-se nessa correspondência do* ser homem – *daquele* ser-aí *que tem o caráter do homem – ao próprio ser. A analítica existencial resta, portanto, a via régia para o problema do sentido do ser, e não apenas em* Sein und Zeit, *em que este* primado *do* ser-aí *humano é temático. É uma constante da* Seinsfrage. *Seu desaparecimento da* superfície *do* Denkweg *é possível porque está no fundo, e assim funciona.*[55]

Diversamente, ainda, Reiner Schürmann interpreta as coisas. Segundo ele, a noção de *ser no mundo*

---

53 VANDEVELE, P. *Être et Discours. La Question du Langage dans L'Itinéraire de Heidegger* (1927-1938), Real Academia da Bélgica, Bruxelas, 1994, p. 43.
54 NEUMANN, G. *Die Phänomenologische Frage Nach dem Ursprung der Mathmatisch-Naturwissenschaftlichen Raumauffassung bei Husserl und Heidegger*, Duncker & Humboldt, Berlim, 1999, p. 186.
55 MAZZARELLA, E. *Tecnica e Metafisica. Saggio u Heidegger*, Guida, Nápoles, 1981, p. 22.

e de mundo não representam de fato um abandono do terreno transcendental, porque

> *a superação do transcendentalismo subjetivo não põe, simplesmente, fim no método transcendental. Interrogar o "nos" que nós somos em vez do eu, evidenciar no ser-aí as estruturas do seu realizar-se no mundo antes que no eu as estruturas a priori do conhecimento objetivo, significa ainda buscar a origem dos fenômenos. Certamente, o ponto de partida não é mais a percepção, mas antes o envolvimento do nosso ser com as coisas e com os outros.*[56]

Portanto, segundo Schürmann:

> *Uma fenomenologia radical deveria tomar licença da diferença ontológica. Ao jogo vinculado aos princípios entre os entes e o ser deles, ela substituirá o livre jogo entre coisa e mundo.*[57]

Ernst Tugendhat, ao contrário, enfatiza os limites entre os quais se move a noção de mundo em *Ser e tempo*, em que "*o mundo é compreendido como âmbito de jogo, mas primariamente ainda como a "conexão dos significados", o âmbito de jogo do ente intramundano*, não da abertura em geral".[58] Em particular, a questão da referência do meio pode funcionar no interior de uma oficina, mas apresenta grandes

---

56 SCHÜMANN, R. *Dai Principi All'Anarchia: Essere e Agire in Heidegger*, tradução para o italiano de G. Carchia, o Mulino, Bolonha, 1995, p. 143.
57 *Ibid.*, p. 411.
58 TUGENDHAT, E. *Der Wahrheitsbegriff bei Husserl und Heidegger*, De Gruyter, Berlim, 1967, pp. 273-274.

problemas em relação à totalidade dos entes que constituem um mundo. É difícil que se consiga enquadrar em tal totalidade de referências as montanhas, os rios, os deuses do caminho, as normas éticas, a forma de uma tigela, os buracos negros e a antimatéria.

Mas esses também são entes que devem ser reconduzidos quanto a sua possibilidade de manifestação, à unidade global de uma abertura de mundo. Portanto, conforme Tugendhat, a ideia segundo a qual a totalidade das referências que constitui o "mundo" tenha a sua raiz na estrutura do *umzu*, que não é outra senão o renascimento da relação meio-escopo,[59] não é sustentável. De resto, em sua opinião, é necessário distinguir "entre a tese: o relacionar-se do homem com as coisas é *também sempre* prático, e a tese de Heidegger: isso é apenas prático".[60]

Segundo Tugendhat,

> Heidegger fala na realidade de duas estruturas, que sem dúvida tendem, em certa medida, a coincidir: a) a totalidade; b) a relação linear "com o escopo de". Em "A" não é esclarecida anteriormente, embora pareça ser central para o fenômeno do mundo. Com base em uma orientação exclusiva para "B", a totalidade é designada como totalidade de referência: e nos orientamos na direção de "A"; não é evidente porque também aquilo que não está em alguma relação de "com o escopo de" esteja no interior da conexão.[61]

---

59 TUGENDHAT, E. *Schwierigkeiten in Heideggers Umweltanaly-se*, em: TUGENDHAT, E., Aufsätza, Suhrkamp, Frankfurt a. M., 2001, pp. 113-114.
60 *Ibid.*, p. 115.
61 *Ibid.*, p. 117.

|182 *Heidegger*

Von Hermann vê a coisa de modo não muito diferente. Ele fala, a esse propósito, de um conceito existencial de mundo, enfatizando que em *Ser e tempo* nos limitamos à estrutura do mundo ambiente, a qual, porém,

> não exaure o fenômeno inteiro do mundo mas, ao contrário, em certo sentido é apenas um retalho do inteiro em que vive o ser-aí. [...] Enquanto a totalidade funcional é a totalidade de sentido do meio do qual cuidamos de modo limitado e precedentemente aberto, a totalidade do ente na sua complexidade não se limita ao mundo ambiente e possibilita o manifestar-se também do ente intramundano que não pertence imediatamente à conexão do meio.[62]

Carlo Sini interpreta a questão de modo mais radical, enfatizando o valor da abertura de sentido ao determinar o modo como os entes se manifestam e a interpretação que deles dá o sujeito. Ele observa que:

> A lua, na realidade, é sempre dada ao homem dentro de uma "interpretação"; ela é encontrada unicamente no modo "histórico" da sua "expressão". [...] O babilônico, o homem antigo, por exemplo, encontra a lua quando tem o senso de uma deusa. De fato, apenas assim pode encontrá-la. Cada coisa é, de fato, encontrada no interior de um sentido geral do ser-aí, preliminar e orientador a respeito do dar-se deste ou daquele

---

62 HERMANN, von F.-W., *Die Selbstinterpretation Martin Heidegger*, Meisenhein am Glan: Hain, 1964, p. 53.

ente. O babilônico não pode encontrar satélites ou sistemas solares, assim como nós não podemos encontrar deuses.[63]

A linguagem

Outro tema central discutido pela crítica é a linguagem. C.F. Gethmann observa que:

> *Apenas com base na explicitação há expressividade linguística. A explicitação articula as evidências operativas não exercitadas (a visão ambiental) expressamente. A sua forma linguística prototípica é: "isto serve para..." (a prática da ação).*[64]

A respeito de uma interpretação que considera o in-ser constituído por *três* momentos, isto é, *Befindlichkeit*, *Verstehen* e *Rede*, Thomas Sheehan observou que:

> *Essa posição não corresponde ao texto de SZ em sua totalidade. Outra coisa é dizer* Befindlichkeit, Verstehen *e* Rede *são cooriginários, como faz Heidegger, bem diferente é dizer que são igualmente "componentes" constitutivos do espaço aberto, como Heidegger não faz. Outra coisa é dizer que* Befindlichkeit *e* Verstehen *são definidos e determinados pela* Rede, *como faz Heidegger, bem diferente é dizer que a* Rede *é,*

---

63 SINI, C., *Scrivere il Fenômeno. Fenomenologia e Pratica del Sapere*, Morano, Nápoles-Milão, 1997, p. 117.
64 GETHMANN, C.F., Heidegger Konzeption des Handels, em: GETHMANN, A; SIEFERT- PÖGGELER, O (editores), *Heidegger und die Praktische Philosophie*, Suhrkamp, Frankfurt a.M., 1988, p. 149.

> *junto a* Befindlichkeit, Verstehen, *o terceiro componente estrutural do* In-Sein, *como Heidegger não faz.*[65]

Em uma linha diversa coloca-se Carlo Sini, que inclina o discurso heideggeriano no sentido que "é a linguagem que articula a *realidade*".[66] Antes da linguagem não há articulação dos pensamentos. Por isso Sini escreve que: "O evento da língua é algo *real* que precede a realidade", enquanto, em uma posição oposta; Costantino Esposito observou que: "A palavra não produz nem estabelece a coisa, mas a leva a ser ela mesma".[67]

Segundo Ruggenini, em *Ser e tempo* Heidegger não colhe a importância constitutiva da linguagem, e exatamente por isso não consegue agarrar a importância do diálogo e a estrutura do falar a outros. Em sua opinião, o privilégio da compreensão a respeito da linguagem

> *deixa quase suspensa no vazio a tese husserliana do ser estrutural com outros da existência. Ao* Mitsein *falta o elemento que o torna algo a mais que um dado de fato empírico e, então, um componente essencial do mesmo fazer-se da verdade em prospectiva prático-existencial [...].* Sein and Zeit *não obtém nenhum dos seus resultados essenciais em virtude do ser junto das existências, mas justapõe o* Mitsein

---

65   SHEEHAN, T., I Cugini d'América. Problemi della Recezione di Heidegger negli Stati Uniti, em: *Heidegger Oggi*, cit., p. 266,

66   SINI, C. *Passare il Segno*, cit., p. 16.

67   ESPOSITO, C. *Heidegger, Storia Fenomenologia del Possibile*, Levante editori, Bari, 1992, p. 301.

> *a quanto frequentemente já esclareceu sem se-*
> *quer mencioná-lo.*[68]

Ao contrário, segundo Paul Ricoeur, o decisivo para Heidegger é aquilo a respeito do que se discute, e não o outro com o qual o fazemos. Ele não exclui o outro, mas se interroga sobre as condições que tornam possível o entendimento recíproco. E é claro que quando eu compreendo o outro, isso não significa que sei o que lhe passa pela cabeça, mas que nos entendemos sobre aquilo que é objeto do discurso. Portanto:

> *Não é estranho que não seja através de uma*
> *reflexão sobre o* ser-com, *mas sobre o* ser-aí,
> *que a ontologia da compreensão pode ter início.*
> *Não* ser-com *um outro que duplicaria a minha*
> *subjetividade, mas* ser no mundo. *Essa mu-*
> *dança de lugar filosófico é importante quanto à*
> *transferência do problema do método ao proble-*
> *ma do ser. A questão* mundo *assume o lugar da*
> *questão dos* outros. *Apenas mundanizando-o,*
> *Heidegger subtrai o compreender à* escravidão
> *do psicológico.*[69]

Portanto, na opinião do filósofo francês: "Enquanto o falar envia ao homem falante, o dizer envia às coisas ditas".[70] Portanto, segundo Ricoeur, distinguindo entre *Rede* e *Sprache*, trata-se,

---

68   RUGGENINI, M. Heidegger, dalla Fenomenologia All'Ermeneutica, em: *I Luoghi del Comprendere*, aos cuidados de V. Melchiorre, Vita e Pensiero, Milão, 2000, p. 150.
69   RICOEUR, P. *Il Conflito dele Interpretazioni*, cit., p. 86.
70   *Idem*, p. 89.

para Heidegger, de "recolocar o discurso na estrutura do *ser*, não estas últimas no discurso".[71]

Theodore Kisiel, ao contrário, propôs não compreender o antipredicativo e a compreensão como algo de não linguístico, mas como uma linguagem que ainda não assumiu a forma de juízo. Em particular, para Heidegger não se trataria de construir uma teoria da experiência e do significado que dispense a linguagem, mas desenvolver *uma teoria da experiência linguística que precede a teoria do juízo* e, então, mostrar a existência de fontes de sentido irredutíveis ao âmbito lógico.

Interpretando uma conferência sobre *Ser-aí e ser verdadeiro segundo Aristóteles*, esboçada por Heidegger em 1923-1924 e feita em 1924, cuja primeira parte tem o título "Discurso e 'juízo' (*logos*)", no qual evidentemente Heidegger já busca percorrer a estrada que do terreno da experiência não operante leva ao juízo. Kisiel explicita o conteúdo do texto observando que:

> *A situação cotidiana de discurso que gera juízos práticos é muito mais rica que o simples juízo. Suas possibilidades de pré-juízo, nem sempre redutíveis a meros momentos preparatórios ao juízo, compreendem solicitações, desejos, perguntas, comandos, exclamações, pausas densas de significado e outras indicações do gênero, nenhuma das quais está imediatamente sujeita ao hiper juízo "verdadeiro ou falso".[72]*

---

71 *Ibid.,*
72 KISIEL, T., Collocare Retorica e Politica nell'Ontologia Pratica di Heidegger: 1923-1925 l'Occupazione Francese della Ruhr, em: *Heidegger*

Um ponto sustentado, com outros argumentos, também por Lafont, segundo o qual Heidegger pode insistir sem cair em contradição, no caráter discursivo e que ao mesmo tempo de uma não ação da compreensão, exatamente porque a não ação não é a linguística.[73] Ao contrário, segundo Adriano Fabris, o que Heidegger procura é uma sorte de palavra pura, capaz de dizer o que vem antes de todo *logos* e que abra o próprio horizonte, e essa é uma espécie de magia, porque "a língua que comumente usamos, também a língua com a qual fazemos filosofia, é na realidade uma língua 'impura'".[74] Um ponto que reconduz à pesquisa de Stefano Poggi que, sem querer reduzir o pensamento do Heidegger maduro dos primeiros anos, chama a atenção para a importância da mística de Eckhart e para os interesses especulativos do jovem Heidegger, em particular para a experiência limite aniquiladora, para a qual pôr e esperar o *ser* significa sempre pôr e esperar também o nada.[75]

Jean-François Courtine vê as coisas de modo ainda diverso, segundo quem

> *o enunciado proposicional é a determinação, o* bestimmen *em virtude do qual as coisas de uso, as coisas do mundo ambiente* (Umweltdinge –

Oggi, cit., p. 131.
73 LAFONT, C., Sprache und Welterschliebung. Zur linguistichen Wende der Hermeneutik Heideggers, Suhrkamp, Frankfurt a. M., 1994, p. 85.
74 FABRIS, A; CIMINO, A., *Heidegger*, Carocci, Roma, 2009, p. 154.
75 POGGI, S., *La Logica, la Mística, il nulla. Um'Interpretazione del Giovane Heidegger*, Escola Normal Superior, Pisa, 2006.

Gebrauchsdinge) *são niveladas e reduzidas a* bloss vorhandene Dinge.[76]

Ao contrário, segundo Jean Greisch, na interpretação-explicitação

> *se efetua a primeira fundamental articulação do sentido, o "em-quanto" hermenêutico. É apenas através dessa estrutura que algo como uma "expressão"* (Ausdruck) *pode ser pensada. Ora, essa articulação do sentido precede a articulação que define a linguagem. Há na análise heideggeriana uma dupla articulação do sentido.[77]*

Para dar suporte a essa interpretação Greisch traz a afirmação segundo a qual "cada simples visão antipredicativa do ente disponível já é em si mesma compreensão e explicitação". Consequentemente, existiriam *duas articulações do sentido*, uma linguística e uma pré-linguística.

A noção de verdade

Um dos nós mais intrincados diz respeito à interpretação da noção heideggeriana da verdade. Segundo Friedrich Gethmann ela é de natureza operacional, porque a justificação

---

76 COURTINE, J.-F., Les "Recherches Logiques" de Martin Heidegger, em: COURTINE, J.-F. (ed.), *Heidegger 1919-1929. De Hermeneutique de la Facticité à la Metaphysique du Dasein*, Vrin, Paris, 1996, p. 26.
77 GREISCH, J., La Parole Heureuse. Martin Heidegger entre les Choses e les Mots, Beauchesne, Paris, 1987, p. 62.

> não consiste – esta é a correção aportada
> de Heidegger para Husserl – em um ato de
> observação, mas é um ato de "compreender algo".
> [...] O contexto de verificação não se constrói
> mais no âmbito da observação destacada, mas
> em conexão com o controle das ações no quadro
> de um modo de ser prático.[78]

Portanto, a noção heideggeriana de verdade é, substancialmente, uma concessão operacional.

Segundo Ernst Tugendhat, Heidegger, ao contrário, move a questão da verdade da autoconfiança reflexiva para o interior da subjetividade, como se configura de Descartes a Husserl, em um âmbito de sentido. Em sua opinião, para Heidegger:

> O dado mais originário não é mais caracterizado
> pela evidência da subjetividade absoluta, mas pela
> abertura do ser-aí finito; e, além disso, é caracteriza-
> do, enquanto essa abertura se coloca em um âmbito
> aberto, pela brecha deixada por esse mesmo âmbito.[79]

Nessa base ele desenvolve uma interpretação segundo a qual "Heidegger aceita, com certeza, a verdade da asserção como algo de primário para nós, em referência a que se deve justificar um novo conceito de verdade".[80]

---

78 GETHMANN, F., La Concezione dela Verità nello Heidegger di Marburgoo, em: POGGI, S; TOMASELLO, P. (eds.), *Martin Heidegger. Ontologia, Fenomenologia, Verità*, LED, Milão, 1995, p. 342.
79 TUGENDHAT, E., L'Idea Heideggeriana di Verità, em: *Martin Heidegger. Ontologia, Fenomenologia, Verità*, cit., p. 314.
80 *Ibid.*, 315.

As emoções

Maurizio de Angelis observou que se sentir emotivamente situado "não é outra coisa que o dispor-se recíproco, dispor-se de quem, do mundo e do tempo na configuração fenomenológica que este último abre".[81] Romano Pocai, ao contrário, chamou a atenção para o fato de que a compreensão se refere a existência inteira, assim

> *a compreensão é fundamentalmente preordenada para a situação emotiva, porque esta abre unicamente o momento secundário, em respeito à existência, de facticidade.*[82]

Os textos heideggerianos foram submetidos a uma análise atenta por Annalisa Caputo, que se deixou guiar pela ideia segundo a qual: "A existência é afetividade, pensamento e linguagem; assim, cada segmento do pensamento se coloca em um determinado segmento de afetividade".[83]

---

81 ANGELIS, de M., Per um'Ontologica Fenomenológica dele Emozioni em: *Martin Heidegger, em "Discipline filosofiche"*, 9 (2), Quodlibet, Ravena, 2000, p. 202.
82 POCAI, R., Heideggers Theorie der Befindlichkeit. Sein Denken zwischen 1927 und 1933, Alber, Friburgo-Munique, 1996, p. 32.
83 CAPUTO, A., Heidegger e le Tonalità Emotive Fondamentali (1929-1946), Franco Angeli, Milão, 2005, p. 27.

Referências
bibliográficas

Textos de Heidegger

A edição completa (*Gesamtausgabe*) foi publicada junto ao editor Klostermann de Frankfurt a. M. Apresentamos aqui uma seleção dos textos mais importantes de Heidegger traduzidos para o italiano, indicando a referência à edição alemã.

Escritos publicados em vida

Scritti Filosofici (1912-1916), tradução italiana de A. Babolin, La Garangola, Pádua, 1972 (Frühe Schriften, aos cuidados de F.W. von Hermann, Gesamtausgabe, vol. 1, Klosteermann, Frankfurt a. M., 1978).

La Dottrina del Giudizio nel Psicologismo, tradução italiana de A. Babolin, La Garangola, Pádua, 1972 (Die Lehre vom Urteil im Psychologismus [1914], em *Frühe Schriften*).

La Dottrina delle Categorie e del Significato in Duns Scoto, tradução italiana de A. Babolin, Laterza, Roma--Bari, 1974 (Die Kategorien und Bedeutungslehre des Duns Scotus [1915], em *Frühe Schriften*).

Ser e tempo (1927), tradução para o português de Márcia de Sá Cavalcante Schuback, Editora Vozes, Petrópolis, 2006.

Kant e il Problema della Metafisica (1929), tradução italiana de M.E. Reina, Laterza, Roma-Bari, 1985 (Kant und das Problem der Metaphysic, aos cuidados de F.W. von Hermann, Gesamtausgabe, vol. 3, Frankfurt a. M., 1991).

A origem da obra de arte (1935), Der Ursprung der Kunstwerkes, tradução para o português de Maria da Conceição Costa, Editora 70, Lisboa, 2007.

La Questione dela Cosa, tradução italiana de V. Vitiello, Guida, Napoles, 1989 (Die Frage nach dem Ding. Zu Kants Lehre van den Transzandentalen Grundsätzen (1962), em *Gesamtausgabe*, vol. 41, aos cuidados de P. Jaeger, Klostermann, Frankfurt a. M., 1984).

Uno Sguardo Indietro sul mio Sentiero, em HUSSERL, E.; HEIDEGGER, M. Fenomenologia, tradução italiana de R. Cristin, Unicopli, Milão, 1999 (Ein Rückblick auf den Weg, em HEIDEGGER, M. Besinnung, em *Gesamtausgabe*, vol. 66, aos cuidados de F.-W. von Hermann, Klostermann, Frankfurt a. M., 1977).

Seminari (1951-1973), tradução italiana de M. Bonola, aos cuidados de F. Volpi, Adelphi, Milão, 1992 (Seminare, Gesamtausgabe, Bd. 15, aos cuidados de C. Ochwadt, Klostermann, Frankfurt a. M., 1986).

A essência do fundamento (1929), tradução para o português de Enio Paulo Guachini e Ernildo Stein, em: *Marcas do caminho,* Petrópolis, Vozes, 2008.

Saggi e Discorsi (1936-1953), tradução para o italiano de G. Vattimo, Mursia, Milão, 1976 (Vorträge und Aufsätze, em: *Gesamtausgabe*, vol. 7, aos cuidados de F.-W. von Hermann, Klostermann, Frankfurt a. M. 2000).

Niezsche (1936-1937), volume I, tradução de Marco Antonio Casanova, Rio de Janeiro, Editora Forense Universitária, 2007; volume II (1939-1946), tradução de Marco Antonio Casanova, Rio de Janeiro, Editora Forense Universitária, 2008.

Marcas no caminho (1919-1961), tradução de Ênio Paulo Giachini e Ernildo Stein, Vozes, Petrópolis, 2008.
Il Princípio di Ragione (1955-1956), tradução italiana de G. Gurisatti e F. Volpi, aos cuidados de F. Volpi, Milão, 1991 (Der Satz vom Grund, *Gesamtausgabe*, vol. 10, aos cuidados de P. Jaeger, Klostermann, Frankfurt a. M., 1997).

Il mio caminho de pensiero e la fenomenologia, em: *Tempo ed Essere*, tradução italiana de E. Mazzarella, Guida, Napoles, 1980 (Mein Weg in die Phänomenologie, em: *Zur Sache des Denkens*, Nemeyer, Tübingen, 1969).

Primeiras aulas friburguesas (1919-1923)

Per la Determinazione dela Filosofia (1919), tradução italiana de G. Auletta, aos cuidados de G. Cantillo, Guida, Nápoles, 1999 (Zur Bestimmung der Philosophie, *Gesamtausgabe*, volumes 56-57, aos cuidados de B. Heimbüchel, Frankfurt a. M., 1999).

Os problemas fundamentais da filosofia (1919-1920), tradução de Marco Antônio Casanova, Editora Vozes, Petrópolis, 2012.

Fenomenologia dell'Intuizione e dell'Expressione. Teoria dela Formazione del Concetto Filosófico (semestre de verão, 1920), tradução italiana de A. Canzonieri, aos cuidados de V. Costa, Quodlibet, Macerata, 2012, (Phänomenologie der Anschauung und des Ausdrucks. Teorie der philosophischen Begriffsbildung, *Gesamtausgabe*, vol. 59, aos cuidados de C. Strube, Frankfurt a. M., 2007).

Fenomenologia da vida religiosa (1918-1921), tradução de Jairo Ferrandin, Renato Kirchner e Enio Paulo Giachini, Editora Vozes, Petrópolis, 2010.

Interpretações fenomenológicas de Aristóteles. Introdução à pesquisa fenomenológica, tradução de Ênio Paulo Giachini, Editora Vozes, Petrópolis, 2011.

Ontologia: Hermenêutica da Facticidade (semestre de verão, 1923), tradução de Renato Kirchner, Editora Vozes, Petrópolis, 2012.

Ensino marburguês (1923-1928)

Einführung in die phänomenologische Forschung (semestre de inverno 1923-1924), *Gesamtausgabe*, vol. 17, aos cuidados de F.-W. von Hermann, Klostermann, Frankfurt a. M., 1994.

Platão: o sofista, Editora Forense Jurídica, São Paulo, 2012.

Prolegomeni alla Storia del Concetto di Tempo (semestre de verão, 1925), tradução italiana de R. Cristin e A. Marini, o Melangolo, Gênova, 1999 (Prolegomena zur Geschichte des Zeithegriffs, *Gesamtausgabe*, vol. 20, aos cuidados de P. Jaeger, Klostermann, Frankfurt a. M., 1979).

Lógica. Il Problema dela Verità (semestre de inverno 1925-1926), tradução italiana de U.M. Ugazio, Murcia, Milão, 1986 (Logik. Die Frage nach der Wahrheit, em: *Gesamtausgabe*, Bd. 21, aos cuidados de W. Biemel, Klostermann, Frankfurt a. M., 1976).

Os problemas fundamentais da filosofia (1919-1920), tradução de Marco Antônio Casanova, Editora Vozes, Petrópolis, 2012.

Principi Metafisici della Logica (semestre de verão, 1928), tradução italiana de G. Moretto, o Melangolo, Gênova, 1990 (Metaphysisque Anfangsgründe der Logik, *Gesamtausgabe*, vol. 26, aos cuidados de K. Held, Klostermann, Frankfurt a. M., 1978).

Ensino friburguês (1928-1944)

Avviamento alla Filosofia (semestre de inverno, 1928-1929), aos cuidados de M. Borghi, Marinotti, Milão, 2007 (Einleitung in die Philosophie, *Gesamtausgabe*, vol. 27, aos cuidados de O. Saame e I. Saame-Speidel, Klostermann, Frankfurt a. M., 1996).

Concetti Fondamentalli dela Metafisica. Mundo – Finitezza – Solitudine (semestre de inverso, 1929-1930), tradução italiana de P. Coriando, aos cuidados de C. Angelino, o Melangolo, Gênova, 1992 (DieGrundbegriffe der Methaphysik. Welt – Endlichkeit – Einsamkeit, *Gesamtausgabe*, volumes 29-30, aos cuidados de F.-W. von Hermann, Klostermann, Frankfurt a. M., 1983).

Lógica – A pergunta pela essência da linguagem (1934), tradução de Maria A. Pacheco e Helga Homem Quadrado, Fundação Calouste Gulbekian, Lisboa, 2008.

Outros escritos

Contribuiti alla Filosofia (Dall'evento) (1936-1938), tradução italiana de F. Volpi e A. Iadicicco, Adelphi, Milão, 2007 (Beiträge zur Philosophie [Vom Ereignis], *Gesamtausgabe*, volume 65, aos cuidados de F.-W. von Hermann, Klostermann, Frankfurt a. M., 2003.

Unbenutzte Vorarbeiten zur Vorlesung vom Wintersenester 1929-1930: "Die Grundbegriffe der Metafisik. Welt – Endlichkeit – Einsamkeit", em "Heidegger Studies", (7), 1991.

Os Seminários de Zollikon: Protocolos, Diálogos, Cartas. Org. Medard Boss. 2ª edição, tradução de Gabriela Arnhold e Maria de Fátima de Almeida Prado. Editora Vozes, Petrópolis, 2009.

Heidegger M., "Frage und Urteil". Vortrag im Rickert-Seminar am 10. Juli 1915, in: M. Heidegger – H. Rickert, *Briefe 1912 bis 1933 und Andere Dokumente*, aos cuidados de A. Denker, Klostermann, Frankfurt a. M., 2002.

Literatura crítica essencial

ADORNO, T.W. *Terminologia filosófica*, vol. I, tradução italiana de A. Solmi, Einaudi, Turim, 1975 (Philosophiche Terminlogie, Suhrkamp, Frankfurt a. M., 1973).

ANZ, W. *Die Stellung der Sprache bei Heidegger*, em H.-G. Gadamer (ed.), Das Problem der Sprache, Wilhelm Fink Velag, Munique, 1967.

BABOLIN, A. La Ricerca Filosófica del Giovane Heidegger nella Critica d'Oggi, em HEIDEGGER, M. *Scritti Filosofici*, La Garangola, Pádua, 1972.

BARASH, J.A. *Heidegger und der Historismus. Sinn der Geschichte und Geschichtlichkeit des Sinns*, aus dem Amerikanischen v. K. Spranzel, Köningshausen & Neumann, Würzburg, 1999.

BERNET, R. *Trascendenza e Intenzionalità. Heidegger e Husserl sui Prolegomini a un'Ontologia Fenomenológica*, em "Aut-aut", 1988, pp. 223-224.

BERTUZZI, G. *La Verità em Martin Heidegger. Dagli Scritti Giovanili a "Essere e tempo"*, Ed. Studio Domenicano, Bolonha, 1991.

BIEMEL, W. *Heideggers Stellung zur Phänomenologie in der Marburger Zeit*, em "Phänomenologische Forschungen", 6/7, Husserl, Scheler, Heidegger in der Sicht neuer Quellen, Albert, Munique, 1978.

BONOLA, M. *Heidegger e Scheler: il Mondo, l'Uomo e il Problema dell'Essenza*, em "Aut-Aut", julho-outubro, 1984 pp. 202-203.

BRANDOM, R.B. *Heidegger's Categories in Being and Time*, em "Monist", 1994, p. 66.

CAPUTO, A. *Pensiero e Affettività. Heidegger e Stimmungen*, FrancoAngeli, Milão, 2001.

Id. *Heidegger e le Tonalità Emotive Fondamentali (1929- -1946)*, FrancoAngeli, Milão, 2005.

CASSINARI, F. *Mondo Esistenza Verità. Ontologia Fondamentale e Cosmologia Fenomenológica nella reflessione de Martin Heidegger (1927-1930)*, La città del sole, Nápoles, 2001.

CHIERIGHIN, F. *Essere e Verità. Note a "Logik. Die Frage nach der Wahrheit" de Martin Heidegger*, publicações de Verifiche, 9, Trento, 1984.

CIMINO, A. *Ontologia, Storia, Temporalità. Heidegger, Platone e l'Essenza dela Filosofia*, ETS, Pisa, 2005.

COSTA, V. *La Verità del Mondo. Giudizio e Teoria del Significato in Heidegger*, Vita e Pensiero, Milão, 2003.

Id. *Esperire e Parlare. Interpretazione di Heidegger*, Jaca Book, 2006.

COSTA, V.; FRANZINI, E.; SPINICCI, P. *La Fenomenologia*, Einaudi, Turim, 2002.

COURTINE, J.F. *Le Préconcept de la Phénomenologie et la Problématique de la Verité dans "Sein und Zeit"*, em F. Volpi (ed.), Heidegger et l'idée de la phénomenologie, Kluwer Academic Publishers, Dordrecht-Boston-London, 1988.

Id. *Les "Recherches Logiques" de Martin Heidegger: de la Théorie du Jugement à la Veritè de Lêtre*, em J.-F. Courtine (ed.), Heidegger 1919-1929. De l'Herméneutique de la Facticité à la Metaphysique du Dasein, Vrin, Paris, 1996.

CRISTIN, R. *Fenomeno Storia. Fenomenologia e Storicità in Husserl e Dilthey*, Guida, Nápoles, 1999.

DEMMERLING, C. *Logica Transcendentale e Ontologia Fondamentale: Emil Lask e Martin Heidegger*, em "Rivista di Filosofia", p. 83 (2), 1992.

DE WAELHENS, A. *La Philosophie de Martin Heidegger*, Publications Universitaires de Louvain, Louvain, 1969.

DUQUE, F. Il Contratempo, em E; Mazzarella (ed.), *Heidegger Oggi*, il Mulino, Bolonha, 1998.

ESPOSITO, C. *Il Fenômeno del Essere. Fenomenologia e Ontologia in Heidegger*, Dedalo, Bari, 1984.

Id. *Heidegger. Storia e Fenomenologia del Possibile*, Levante editori, Bari, 1992.

FABRIS, A. *Logica e Ermeneutica. Interpretazione di Heidegger*, ETS, Pisa, 1982.

Id. *I Problemi Fondamentali della Fenomenologia*, em "Teoria", 4, 1984.

FABRIS, A.; Cimino A. *Heidegger*, Caroddi, Roma, 2009.

GADAMER, H.-G. *Verità e Método*, tradução italiana de G. Vattimo, Bompiani, Milão, 1994 (Wahrheit und Methode, Mohr, Tübingen, 1960).

Id. *Erinnerungen an Heidegger Anfänge*, em "Dilthey-Jahrbuch", 4, aos cuidados de F. Rodi, 1986-1987.

GROLLO S, Galanti. *Heidegger e il Problema dell'Altro*, Mimesis, Milão, 2006.

GARDINI, M. *Filosofia dell'Enunciazione. Studio su Martin Heidegger*, Quodliber, Macerata, 2005.

GETHMANN C.F. Heideggers Konzeption des Handels, em A. Gethmann-Siefert – O. Pöggeler (editores), *Heidegger und die Praktische Philosophie*, Suhrkamp, Frankfurt a. M., 1988.

Id. *Dasein: Erkennen und Handeln. Heidegger im Phänomenologischen Kontext*, De Gruyter, Berlim, 1993.

Id. La Concezione dela Verità nello Heidegger di Marburgo em S. Poggi P. Tomasello (editores), *Martin Heidegger. Ontologia, Fenomenologia, Verità*, 1ª edição, Milão, 1995.

GIANNETTO, E. *Um Fisico delle Origini. Heidegger, la Scienza e la Natura*, Donzelli, Roma, 2010.

GREISCH, J. *La Parole Heureuse*. Martin Heidegger entre les choses el les mots, Beauchesne, Paris, 1987.

GRONDIN, J. L'Herméneutique dans "Sein und Zeit", em J.-F. Courtine (editor), *Heidegger 1919-1929. De l'Herméneutique de la Facticité à la Métaphysique du "Dasein"*, Vrin, Paris, 1996.

GUDOPP, W.-D. *Der Junge Heidegger. Realität und Wahrheit in der Vorgeschichte von "Sein und Zeit"*, Verlag Marxistische Blätter, Frankfurt a. M., 1983.

HABERMAS, J. *Il Discorso Filosófico dela Modernità*, tradução para o italiano de E. e E. Agazzi, Laterza, Roma-Bari, 1987 (Der Philososphiche Diskurs der Moderne. Zwölf Vorlesungen, Suhrkamp, Frankfurt a. M., 1985).

HAUGELAND, J. *Heidegger on Boeing a Peerson*, em "Noûs", 1982, p. 16.

HELD, K. *Heidegger e il Principio dela Fenomenologia*, em "Aut-aut", 1988, pp. 223-224.

HOGEMANN, F. *Heideggers Konzeption der Phänomenologie in den Voirlesungen aus dem Wintersemester 1919/1920 und dem Sommersemester 1920*, em Dilthey-Jarhbuch", 1986-1987, p. 4.

HÜBNER, A.W.E. *Existenz und Sprache. Überlegungen zur Hermeneutischen Sprachauffassung von Martin Heidegger und Hans Lipp*, Dunker und Humblot, Berlin, 2001.

JAEGER, H. *Heidegger und die Sprache*, Francke, Berna e Munique, 1971.

KISIEL, T. *Das Entstehen des Begriffsfeldes "Faktizität" im Frühwerk Heideggers*, em Dilthey-Jahrbuch, 1986-1987, p. 4, aos cuidados de F. Rodi, Vandenhoeck & Ruprecht, Göttingen.

Id. Collocare Retorica e Politica nell'Ontologia Pratica di Heidegger, em E. Mazzarella (editor), *Heidegger Oggi*, il Mulino, Bolonha, 1998.

Id. *Das Kriegsnotsemester*, 1919, em "Philosophisches Jahrbuch", p. 99, 1992.

LAFONT, C. *Sprache und Welterschliebung. Zur linguistischen Wende der Hermeneutik Heidegger*, Suhrkamp, Frankfurt a. M.,1994.

LAMBERT, C. *Philosophie und Welt beim jurgen Heidegger*, Lang, Frankfurt a. M., 2002.

LEHMANN, K. *Metafísica, Filosofia Transcendentale e Fenomenológica nel Primo Heidegger (1912-1916)*, em S. Poggi, P. Tomasello (editores), Martin Heidegger, LED, Milão, 1995.

LE MOLI, A. *Heidegger e Platone. Essere Relazione Differenza, Vita e Pensiero*, Milão, 2002.

LENOCI, M. *Autocoscienza Valkori Storicità, Studi su Meinong, Scheler, Heidegger*, FrancoAngeli, Milão, 1992.

LEVINAS, E. *Scoprire L'Esistenza com Husserl e Heidegger*, tradução italiana de F. Sossi, Raffaello Cortina, Milão, 1998 (Em découvrant L'existence avec Husserl et Heidegger,Vrin, Paris, 1974).

LOTZE, H. *System der Philosophie, Erster Teil. Drei Bücher der Logik*, 1874, 18802, 19123 (tradução do italiano de F. DeVincenzis, Logica, Bompiani, Milão, 2010, p. 987).

LÖWITH, K. *Saggi su Heidegger*, tradução para o italiano de C. Cases e A. Mazzone, Einaudi, Turim, 1974 (Heidegger – Denker i dürftiger Zeit,Vandenhoeck & Ruprecht, Götingen, 1960).

LUZI, P. *Internazionalità e Transcendenza. Il Pensiero di Husserl e Heidegger*, Carocci, Roma, 2010.

MARASSI, M. *Ermeneutica della Differenza. Saggio su Heidegger*, Vita e Pensiero, Milão, 1990.

MARINI, A. *Il Giovane Martin Heidegger Fino ai Seminário Friburghesi (1919)*, em "Magazzinodifilosofia", 1, 2000, FrancoAngeli, Milão, 2000.

MAZZARELLA, E. *Tecnica e Metafisica. Saggio su Heidegger*, Guida, Nápoles, 1981.

Id., *Heidegger a Friburgo, em Ermeneutica dell'Effettività. Prospettive Ontiche dell'Ontologia Hiedeggeriana*, Guida, Napoli, 1993.

MOHANTY, J.N. *Consciousness and Existence Remarks on the Relation between Hesserl and Heidegger*, em The possibility of transcendental Phylosophy, Nijhoff, Dordrecht, 1985.

NEUMANN, G. *Die Phänomenologische Frage nach dem Ursprung der Mathematisch-naturwissenschaftlichen Raum-auffassung bei Husserl und Heidegger*, Duncker & Humboldt, Berlin, 1999.

OKRANT, M. *Heidegger's Pragmatism*, Cornell University Press, Ithaca, 1988.

ORTH, E.W. *Heidegger e il Neokantismo*, em F. Bianco (editor), Heidegger in discussione, FrancoAngeli, Milão, 1992.

OTT, H. *Martin Heidegger, Sentieri Biografici*, aos cuidados de F. Cassinari, Sugarco, Milão, 1988.

OVERENGET, E. *Seeing the Self. Heidegger on Subjektivity*, Kluwer, Dordrecht, 1998.

PABWEG, S. *Phänomenologie und Ontologie. Husserl – Scheler – Heidegger*, Dessertazione, Zurique, 1939.

PATOCKA, J. *Prirozeny svet jaco Filosoficky Problem*, Praga, 1936; tradução francesa de J. Danek e H. Decleve, Le monde naturel comme probléme philosophique, Nijhoff, Dem Haag, 1976.

Id. *Vom Erstheinen als solchen, Texte aus den Nachlab*, aos cuidados de H. Dlaschek–Hahn e K. Novotný, Albert, Friburgo, 2000.

PEREGO, V. *Finitezza e Libertà. Heidegger Interprete di Kant*, Vita e Pensiero, Milão, 2001.

PERICCINOTTO, L. *Le Vie dell'Interpretazione nella Filosofia Contemporánea*, Laterza, Roma-Bari, 2002.

PERROTTA, R. *Heidegger Jemeinigkeip. Versuch einer Analyse der Seinsfrage anhand der Veröffentlichten*. Texte, Königshausen & Neumann, Würzburg, 1999.

PICHT, G. *La Potenza del Pensiero, in Risposta. A Colloquio con Martin Heidegger*, tradução italiana de C. Tatasciore, Guida, Nápoles, 1992. (Die Macht des Denkens, em G. Neske – E. Kettering (editores), Antwort. Martin Heidegger em Gespräch, Neske, Tübingen, 1988).

PÖGGELER, O. Le "Richerche Logiche", em POGGI, S.; TOMASELLO, P. (editores), *Martin Heidegger*, LED, Milão, 1995.

POGGI, S. *La Fedeltà al Próprio Inizio: l'Atualità del Primo Heidegger*, em E. Mazzarlla (editor), Heidegger oggi, il Mulino, Bolonha, 1998.

Id. *La Logica, la Mística, il Nulla. Un'Interpretazione del Giovane Heidegger*, Scuola Normale Superiore, Pisa, 2006.

PRAUSS, G. *Erkenen und Handeln in Heideggers "Sein und Zeit"*, Alber, Friburgo, 1996.

Id. *Heidegger und die Praktische Philosophie*, em A. Gethmann-Siefert – O. Pöggeler (editores), Heidegger und die praktische Philosophie.

REGINA, U. *La Semantizzazione dell'essere nel Giovane Heidegger*, em Fenomenologia e società, 16 (1), 1993.

RICOUER, P. *Il Conflito dele Interpretazioni*, tradução italiana de R. Balzarotti e outros, Jaca Book, Milão, 1995 (Le conflit des interpretations, Éditions du Seuil, Paris, 1969).

RIDEL, M. *Preconfigurazioni dela Storia dell'essere*, em E. Mazzarella (editor), Heidegger oggi, il Mulino, Bolonha, 1998.

RORTY, R. *Conseguenze del Pragmatismo*, tradução italiana de F. Elefante, Feltrinelli, 1986 (Consequences of Pragmatism, University of Minnesota, 1982).

Id. *Essays on Heidegger and Others, em Philosophical Papers*, volume 2, Cambridge, Univeersity Press, Cambridge, 1991.

ROSALES, A. *Tranzendenz und Differenz. Ein Beitrag zum Problem der Ontologischen Differenz beim Frühen Heidegger*, Nijhoff, Den Haag, 1970.

ROVATTI, P.A. *La Posta in Gioco. Heidegger, Husserl il Soggetto*, Bompiani, Milão, 1987.

RUGGENINI, M. *Heidegger, dalla Fenomenologia all'Ermeneutica, em I Luoghi del Comprendere*, aos cuidados de V. Melchiorre, Vita e Pensiero, Milão, 2000.

RYLE, G. Heidegger's "Sein und Zeit", em "Mind", p. 38, 1928, publicado agora em Collected Papers, Volume 1, Critical Essays, Thommes, Bristol, 1990.

SCMITZ, H. *Husserl and Heidegger*, Bouvier, Bonn, 1996.

SCHÜRMANN, R. *Dai Principi all'Anarchia. Essere e Agire in Heidegger*, tradução italiana de G. Carchia, il Mulino, Bolonha, 1995 (Heidegger on being and Acting: From principles to Anarchy, Bloomington, Indiana University Press, 1986).

SHEEHAN, T. *I Cugini d'America. Problemi dela Recezione di Heidegger negli Stati Uniti, em Heidegger Oggi*, il Mulino, Bolonha, 1998.

STRUBE, C. *Zur Vorgeschichte der Hermeneutischen Phänomenologie*, Königshausen & Neumann, Würzburg, 1993.

TAMINIAUX, J. Considerazioni su Heidegger e le "Ricerche Logiche" di Husserl, em S. Poggi – P. Tomasello (editores), *Martin Heidegger,* 1ª edição, Milão, 1995.

TERZI, R. *Il Tempo del Mondo*. Husserl, Heidegger, Patocha, Rubbettino, Soveria Marinelli, 2009.

THOMÄ, D. *Die Zeit des Selbst und die Zeit danach. Zur Kritik der Textgeschichte Martin Heidegger* (1910-1976), Suhrkamp, Frankfurt a. M., 1990.

TRAWNY, P. *Martin Heideggers Phänomenologie der Welt*, Alber, Munique, 1964.

TUGENDHAT, E. *Der Ahrheitsbegriff bei Husserl und Heidegger*, De Gruyter, Berlim, 1967.

Id. *Selbstbewusstsein und Selbstbestimmung*, Suhrkamp, Frankfurt a. M., 1979.

Id. *Schwierigkeiten in Heidegger Umweltanalyse*, em E. Tugendhat, Aufsätze, Shurkamp, Frankfurt a. M., 2001.

VANDEVELDE, P. Être et discours. La question du langage dans l'itinéraire de Heidegger (1927-1938), Académie royale de Begique, Bruxelas, 1994.

VICARI, D. *Ontologia dell'Esserci. La Riproposizioni dela "Questione dell'Uomo" nello Heidegger del Primo Período Friburghese (1916-1923)*, Zamorani, Turim, 1996.

VITIELLO, V. *Heidegger: il nulla e la Fondazione dela Storicità. Dalla "Überwindung der Metaphisik" alla "Daseinsanalyse"*, Argalia, Urbino, 1976.

VOLPI, F. *Alle Origini dela Concezione Heideggeriana dell'essere: il Trattato "Vom Sein" di Carl Braig*, em "Rivista critica di storia dela filosofia", p. 35 (2), abril--junho, 1980.

Id. *La Question du Logos chez le Jeune Heidegger*, em J.F. Coutine, Heidegger 1919-1929.

Id. *La Transformazione della Fenomenologia da Husserl a Heidegger*, em "Teoria", 4, 1984.

VON HERMANN, F.-W. *Die Selbstinterpretation Mirtin Heideggers*, Heinm Meisenheim Am Glan, 1964.

WINDELBAND, W. *Kristische oder Genetische Methode?* (1883), em Präludien. Aufsätzen und Redenzur Einleitung in die Philosophie, Mohr, Tübingen und Leipzig, 1903.

Id. *Was ist Philosophie? (Über Begriff und Geschichte de Philosophie)*, em Präludien (tradução italiana de P. Rossi e S. Barbieri, Che cos'è la filosofia? (Concetto e storia dela filosofia), em Lo storicismo tedesco, aos cuidados de P. Rossi, utet, Turim, 1977.

ZANATTA, M. *Identità, Logos, Verità, Saggio su Heidegger*, Japrade, Roma-Áquila, 1990.

Índice onomástico

A

Adorno, Theodor Wiesengrund – 169, 175

Agazzi, Elena – 174

Agazzi, Emilio – 174

Agostinho de Hipona – 45

Antuono Nicola – 176

Arendt, Hannah – 17, 161

Aristóteles – 55, 186

B

Balzarott, Rodolfo – 166, 167, 172

Bonomi, Andrea – 163

Braig, Carl – 13, 14

Brentano, Franz – 13

C

Caputo, Annalisa – 190

Carchia, Gianni – 180

Carnap, Rudolf – 169

Cases, Cesare – 170

Cassinari, Flavio – 177

Cassirer, Ernst – 16

Cimino, Antonio – 187

Cohen, Hermann – 16

Courtine, Jean-François – 187, 188

Cristin, Renato – 64

D

D'avenia, Marco – 171

De Angelis, Maurizio – 190

De Vincenzis, Franco – 24

De Waelhens, Alphonse – 177

Del Bo Giuseppe – 162

Derrida, Jacques – 161, 166, 167, 168, 171, 172

Descartes, Renè – 174, 189

Dewey, John – 174

Di Martino, Carmine – 167

Dilthey, Wilhelm – 14, 67

Donolo, Carlo Alberto – 169

Duque, Félix – 177

E

Eckhart – 187

Esposito, Costantino – 184

Fabris, Adriano – 187

Fink, Eugen – 175, 176

Frege, Gottlob – 29

G

Gadamer, Hans-Gerog – 161, 165

Gethmann, Carl Friedrich – 173

Gethmann-Siefert, Annemarie – 183, 188

Greisch, Jean – 188

Gröber, Conrad – 13

H

Habermas, Jürgen – 173, 174

Hartmann, Nicolai – 16

Heidegger, Friedrich – 13

Heidegger, Johanna – 13

Hermann, von Friedrich-Wilhelm – 182, 193

Hölderlin, Friedrich – 125, 129, 130, 135

Husserl, Edmund – 14, 15, 16, 17, 18, 29, 60, 61, 62, 63, 64, 65, 66, 67, 157, 164, 167, 174, 179, 184, 189

K

Kant, Emmanuel – 14, 16, 25, 29, 32, 33, 34, 35, 36, 84, 91

Kisiel, Theodore – 186

Krebs, Engelbert – 15

L

Lafont, Claude – 187

Lask, Emil – 14

Levinas, Emmanuel – 161, 164, 165

Lotze, Hermann – 24, 29

Löwith, Karl – 170

M

MacIntyre, Alasdair – 170

Mazzarella, Eugenio – 177, 179

Mazzone, Alberto – 170

Mead, Gorge Herbert – 174

Melchiorre, Virgilio – 185

Merleau-Ponty, Maurice – 161, 163

N

Natorp, Paul – 16, 32

Neumann, Günther – 179

Nietzsche, Friedrich – 115, 117, 118, 119

P

Paulo de Tarso – 45, 46, 47, 48, 49, 51, 53

Pasquinelli, Alberto – 169

Patocka, Jan – 178

Peirce, Charles Sanders – 174

Pocai, Romano – 190

Pöggeler, Otto – 183

Poggi, Stefano – 187, 189

Prauss, Gerold – 173

R

Rickert, Heinrich – 14, 15, 16, 25, 26, 32

Ricouer, Paul – 165, 166

Rilke, Reiner Maria – 128

Rorty, Richard – 174

Rosales, Alberto – 178

Ruggenini, Mario – 176, 184, 185

Ryle, Gilbert – 172, 173

S

Sartre, Jean-Paul – 121, 122, 123, 161, 162

Schürmann, Reiner – 179, 180

Scott, Duns – 14, 27, 32

Sheehan, Thomas – 183, 184

Sini, Carlo – 174, 182, 183, 184

Sófocles – 108

Solmi, Anna – 175

Sossi, Federica – 164

T

Tomasello, Paolo – 189

Trakl, Georg – 142

Tugendhat, Ernst – 180, 181,189

V

Van Gogh, Vincent – 107, 108

Vandevelde, Pol – 178

Vattimo, Gianni – 165

W

Windelband, Wilhelm – 14, 32, 33, 34, 35, 36

Z

Zaccaria, Gino – 172